사랑이야기

사랑 이야기

초판 1쇄 인쇄 | 2019년 5월 20일
초판 1쇄 발행 | 2019년 5월 25일

지은이 김상현 · 우진성
펴낸이 우진성
펴낸곳 도서출판 Ibp

등록 2015년 4월 29일 제7호
주소 13834 경기도 과천시 별양로 66-10 4층 1호
전화 070-7792-2014
이메일 jswoo@me.com
홈페이지 http://www.ibp.or.kr

ISBN 979-11-955360-7-8 93230
값 15,000원

* 이 도서의 국립중앙도서관 출판예정도서목록(CIP)은
  서지정보유통지원시스템 홈페이지(http://seoji.nl.go.kr)와
  국가자료공동목록시스템(http://www.nl.go.kr/kolisnet)에서
  이용하실 수 있습니다. (CIP제어번호 : CIP2019020013)

• 잘못된 책은 바꿔 드립니다.
• 이 책은 저작권법의 보호를 받는 저작물이므로 무단전재와 복제를 금합니다.

이 책은
김태동 장로님과 현영희 권사님의
정성어린 후원으로 출판되었습니다.
깊이 감사드립니다.

agape story

사·랑·이·야·기

김상현 · 우진성 지음

도서출판 Ibp

| 프롤로그 |

● 우진성 목사

　얼핏 보면 두 권으로 펴 내는 것이 좋아 보이는 내용을 한 권에 담았다. 앞 부분은 동수원장로교회 김상현 목사가 썼다. 제목을 "동수원장로교회가 쓰고 있는 사랑 이야기"라고 달았다. 동수원장로교회는 사랑 이야기를 쓰고 있는 교회이다. 성경 말씀에 담겨 있는 하나님의 사랑 이야기를 오늘-여기에서 쓰고 있는 교회, 그것이 동수원장로교회의 정체성이다. 뒷 부분은 내가 썼고 제목을 "성경에 쓰여 있는 사랑 이야기"라고 달았다. 성경 안에 흩어져 담겨 있는, 그래서 자칫 놓치기 쉬운 아가페 사랑 이야기를 일곱 꼭지에 담아 내, 성경 말씀의 중심에 사랑 이야기가 놓여 있다는 것을 보여 주었다. "쓰여 있는 사랑 이야기"와 "쓰고 있는 사랑 이야기", 사랑이라는 주제로 연결된 두 이야기를 한 책에 담고 책 제목을 "사랑 이야기"라고 달았다. 그렇게 펴낸 이 책을 통하여 나누고 싶은 것이 있다.

먼저 동시대에 교회를 세워가고 있는 동역자 목회자들에게 "말씀 중심 목회"의 원리에 대해 나누고 싶다. "말씀 중심 목회"의 원리는 성경 말씀을 많이 읽고 깊이 공부하는 데서 출발한다. 하나님의 말씀이 오늘 우리에게 전하는 말씀이 무엇인지, 목회자는 스스로 정리하여 말할 수 있어야 한다. 교리를 읊거나 신학자의 책 내용을 옮기는 것을 말하는 것이 아니다. 설교 본문처럼 한 단락씩 선별된 말씀이 전하는 메시지를 말하는 것이 아니다. 읽고, 공부하고, 묵상하고 나서, 성경 66권 전체에 담긴 말씀이 "결국 이것을 말하는 것이다"라는 진술을 할 수 있어야 한다. 이렇게 말씀을 이해하는 단계로부터 시작해서 목회철학이 형성되는 것이다. 목회철학을 형성하는 과정에서는 성경 언어를 목회 언어로 옮길 수 있어야 한다. 그래야 이해한 말씀을 목회에 적용하여 자신의 목회론을 펼칠 수 있게 된다.

그 다음이 목회 프로그램이다. 목회철학은 이상에 그쳐

서는 안되고 현실 교회에서 구현되어야 한다. 성경에서 나온 목회철학을 구현하기 위해서는 프로그램이 필요하다. "말씀 이해", "목회철학", "목회 프로그램"이라는, 별로 새롭게 들리지 않는 이 이야기를 새 책의 서론에서 꺼내는 이유는, 그렇게 목회하는 목회자가 의외로 적기 때문이다. 이 순서가 중요하다. 말씀에서 목회철학이 나오고 그로부터 목회 프로그램이 나와야 한다. 말씀을 깊이 이해하는 데도 별로 관심없고, 목회철학을 세우는 데도 별로 관심을 갖지 않은 채, 프로그램에만 관심을 갖는 목회자가 많다. 잘 되면 좋아하고, 잘 안되면 낙심한다. 뿌리도 없고 철학도 없고 원리도 없이 프로그램만 있으니, 프로그램 성패의 기준은 "교회 성장"이 되기 쉽상이다. 프로그램 하나를 해보고 성장에 별로 도움이 되지 않으면 다른 프로그램을 찾아 나선다. 이런 목회를 "성장주의 목회"라고 부른다. 이 책은 "성장주의 목회"를 하다가 탈진한 후에, "말씀 중심의 목회"로 돌아선 한 목사의 목회 간증을 담고 있다. "말씀 중심의 목회"의 본보기가 필요한 시대에 이 간증이 귀하다. 1부에는 그 간증이 담겨 있고, 2부에는 그 간증의 바탕이 되는 성경 연구가 담겨 있다.

  목회자가 아닌 독자들에게는 이 책을 통하여 성경이 말하는 아가페 사랑의 복음을 들려주고 싶다. 종교개혁자 마틴 루터가 이신칭의(믿음으로 의롭다 함을 얻는다)를 설파한 이후, "믿음"은 다른 모든 신앙적 가치 위에 놓이게 되었다. "믿음"은 구원을 위한 단 하나의 필요불가결한 조건으로 받아들여졌다. 반면 "사랑"은 믿음에 따라오는 윤리적 부담 정도로 이해 되었다. 구원을 위해 "믿음"은 꼭 필요한 것이라고 여겨진다면, "사랑"은 하면 좋은 선행 정도로 치부되었다. "믿음"이 칭의에 필요한 것이라 여겨진다면, "사랑"은 성화의 한 방편 정도로 이해되었다. 심지어 "믿음"과 "행위"가 서로 대립 관계에 있다고 오해하고 있는 사람들은, "사랑"은 "믿음"과 대립하는 "행위"의 일종이라고 폄하하기도 하였다. 그런데 "사랑"은 그렇게 치부될 수 있는 가치가 아니다. 성경은 무엇에 관한 책인가? 우리는 무엇으로 어떻게 구원을 얻는가? 이 핵심적 질문을 답할 때 "사랑"은 중심 키워드가 된다. 그런데도 "믿음"에 대한 책은 많은 반면, 아가페 "사랑"에 대한 책은 놀랍게도 적다. 이 책에는 성경에 쓰여 있는 "사랑"에 관한 묵상들이 실려 있고, 그 "사랑"을 삶에 구현하고 살아내려는 목회자와 교회의 이야기가 실려 있다. "믿음"만 중요한 것이 아니라 "사랑" 역시 그 못지 않게 중요하다는 것을 말하고 싶다. 구원은 "믿음"과 "사랑"이 엮어가는 변주곡이다. "믿음"과 "사랑"은 그리스도인의 삶을 지탱하는 두 기둥이다.

김상현 목사의 장점은 공부가 치열하다는 점이다. 자신의 언어로 이해하고 적용할 수 있는 경지에 이를 때까지 묻고 또 묻는다. "치열하다"는 언어가 과한 표현이 아니다. 더 큰 장점은, 그렇게 공부한 내용을 지식으로 습득하는 데 만족하지 않고, 목회에 구현하기 위한 실질적 통찰로 연결한다는 점이다. 이 점은 참 부러운 김상현 목사의 은사이다. 함께 공부하는 동안 김상현 목사의 이런 점들로부터 많은 영향을 받았고, 이 점에 대해 김상현 목사에게 감사한다. 목사와 성서학자가 만나 교회를 위해 성경을 연구하고 목회를 고민하였다. 서로 도전하였다. 김상현 목사의 목회에 내 도전이 녹아 있고, 내 성경연구에 김상현 목사의 도전이 녹아 있다. 그렇게 만나 온 시간이 벌써 6년이다. 이 책은 그 만남의 열매이다.

이 책이 출판될 수 있도록 교정 교열을 도와준 최원희 선생에게 깊은 감사를 드린다. 그의 꼼꼼한 도움이 없었다면 이 책의 문장들은 훨씬 거칠었을 것이고 이해하기 어려웠을 것이다.

이 책의 2부에는 실은 글은 「기장회보」나 「말씀과신학」에 기고했던 글을 수정 보완하여 실은 것도 있음을 밝힌다.

● 김상현 목사

  동수원장로교회로 부임한 나에게는 큰 고민이 있었다. 동수원장로교회를 개척하시고 30년간 이끌어 오신 원로 목사님의 목회를 어떻게 계승하고, 또 어떻게 혁신할 것인가? 에 대한 고민이었다. 개척하지 않은 교회에 부임하면 '후임'이란 꼬리표가 달리기 때문에 나뿐만 아니라 모든 목회자가 이런 고민을 하게 된다. 그러므로 모든 목회자는 '어떻게 하면 후임 목회자로서 건강한 교회를 세울 것인가?'라고 스스로에게 질문할 수밖에 없다. 이런 질문에 주께서 주신 해답이 바로 '사랑 이야기'이다.

  얼마 전 우리 교회 수석 부목사가 담임 목회자로 가기 위해 면접을 보러 간 적이 있다. 면접에서 그는 앞으로 어떤 목회를 할 것인지 질문받았다고 한다. 그래서 동수원장로교회에서 진행해 온 사랑 이야기를 쓰려 한다고 대답했다. 그러자 면접 장로님은 "그건 동수원교회 거구요. 우리 교회는 따로 있어야 하지 않나요?"라고 얘기했다고 한다. 만약 사랑 이야기가 프로그램 중 하나라면 장로님이 보인 반응이 맞다. 동수원장로교회이기에 성공한 프로그램들이 있다. 그러나 사랑 이야기는 프로그램이 아니라 성경적 원리이다. 원리는 모든 교회에 적용할 수 있다. 다만, 그것을 구현하는 방법이나 수단이 교회마다 다를 뿐이다. 동수원장로교회는 참으로 다양한 색을 가진 사람들이 모여 이룬 공동체다. 그래서 동수원장로교회에서 구현한 사랑 이야기는 모든 교회에서 실현할 수 있다. 사랑 이야기가 단지 프로그램이라면, 이 책을 쓸 이유가 없다. 거듭 말하지만, 사랑 이야기는 성경적 원리다. 나는 그 원리를 소개하기 위해 이 책을 쓴다.

위기에 처한 한국교회를 건강하게 세우고자 도전하는 모든 동역자에게 이 책을 바친다. 함께 고민하고 기도하면서 한국교회를 세워나가길 소망한다.
책의 구성은 다음과 같다.

Part 1에서는 사랑 이야기를 쓰기까지의 과정을 이야기하려 한다. 나의 30대 목회는 교회 성장주의를 지향하고 있었다. 그래서 교회 성장주의로 인해 무너졌던 이야기와 하나님의 은혜로 다시 회복되는 이야기를 전하고자 한다.

Part 2에서는 사랑 이야기 원리를 전하려 한다. '사랑'과 '이야기'를 왜 결합했는지, 사랑 이야기가 왜 성경적 원리인지 밝힐 것이다.

Part 3에서는 사랑 이야기 원리를 어떻게 내가 써 내려갈 것인지, 그리고 어떻게 우리가 함께 써 내려갈지에 관한 이야기를 다룰 것이다.

마지막으로 Part 4에서 이 사랑 이야기를 쓰는 목사로서 현장에서 맞닥뜨리게 될 실제 견해 차이를 다룰 것이다. 그리고 사랑 이야기를 쓰니 어떤 축복을 받았는지에 대해 나누고자 한다.

이 책을 내도록 도와주신 모든 분께 감사드린다. 사랑하는 김태동 장로님과 현영희 권사님의 사랑으로 이 책을 쓸 수 있었다. 이분들의 도움 없이는 지금의 나는 없다. 힘들고 어려울 때마다 물질과 기도로 함께해 주셨다. 이 책도 이들의 섬김으로 쓸 수 있었다. 또한 내 목회에 선한 영향을 주셨던 두 분께 감사드린다. 한 분은 육순종 목사님이다. 나는 찬양 사역을 하다 실패했다. 육순종 목사님은 실패해 오갈 데 없는 나를 받아주셨고, 마음껏 목회를 경험하도록 묵묵히 지켜봐 주셨다. 그 은혜로 나는 목회를 배웠다. 또 한 분은 권준 목사님이다. 권준 목사님은 내가 번아웃 했을 때, 내가 다시 회복할 수 있도록 격려해 주시고, 목회 비전을 다시 세울 수 있도록 도와주셨다. 더불어 송영세 목사님과 이종익 장로님께도 감사드린다. 또 무엇보다 첫 목회지 성도님들께 감사드린다. 나의 부족함에도 불구하고 함께 해 준 고마움을 잊지 못할 것이다.

위기 때 사랑 가득한 조언을 해 주신 홍철호 장로께도 감사드린다. 부족한 나를 30년간 있는 모습 그대로 받아준 일곱 친구에게도 고맙다. 이 책을 쓰는 데 도움 주신 조아라 집사님께도 감사드린다. 목회 길을 열어준 김종성 원로 목사님 그리고 동수원교회 당회원들께도 감사드린다. 사랑 이야기가 완성되도록 도와준 분들은 바로 우리 교인들이다. 믿고 따라준 우리 교인들 때문에 사랑 이야기를 쓸 수 있었다. 그리고 우리 교인들과 함께 앞으로 써 내려갈 사랑 이야기가 기대된다. 한국 교회를 바르게 세우고자 뜻을 같이 품고 함께 걸어 준 성경과설교연구원lbp 우진성 목사님께도 깊이 감사드린다. 나를 끝까지 믿어준 아내에게도 감사하다. 아내는 조금씩 변화되는 나를 응원하고 지지해 줬다. 사랑하는 두 자녀에게도 고마울 뿐이다. 수많은 위기를 함께 해줬다. 사랑하는 어머니, 천국에 계시는 아버지 감사합니다. 마지막으로 이 모든 만남을 허락하시고 사랑 이야기 원리를 깨닫게 하신 하나님! 감사합니다.

| 차례 |

프롤로그
우진성 목사 _ 7
김상현 목사 _ 13

1부. 동수원장로교회가 쓰고 있는 사랑 이야기

1. **사랑, 이야기를 쓰기까지** _ 23
   1.1 성장주의 목회로 무너짐 _ 25
   1.2 만남의 축복으로 세워짐 _ 38

2. **사랑, 이야기를 만나다** _ 47
   2.1 사랑과 이야기의 연결 _ 50
   2.2 사랑 이야기의 원리 _ 53

3. **사랑, 이야기를 쓰다** _ 69
   3.1 사랑 이야기 내가 쓰기 _ 71
   3.2 사랑 이야기 같이 쓰기 _ 88

4. **견해 차이 그리고 감사 축복** _ 109

2부, 성경에 쓰여 있는 사랑 이야기

1. "이것을 행하라!" - 예수님의 유언   _ 131
2. 하나님은 아가페입니다.   _ 153
3. 하나님의 형상대로   _ 167
4. 아가페의 다섯 특징   _ 185
5. 성령, 아가페의 영   _ 203
6. 믿음과 사랑의 변주곡   _ 223
7. 아하, 그래서 "사랑하라" 하셨네!   _ 251

1부.

동수원장로교회가 쓰고 있는 사랑 이야기

1
:

사랑 이야기를

쓰기까지

1.1 / 성장주의 목회로 무너짐

나는 30대부터 건강한 교회에 대한 간절함이 있었다. 내가 목회를 준비하던 1990년대에는 교회 성장이 화두였다. 그래서 '교회성장연구소', '자연적교회성장'이라는 곳도 생겨났다. 그 초점은 교인 수를 늘리는 데 있었다. 자연스럽게 큰 교회는 한국 교회 안에서 건강한 교회의 모델이 되었고, 나 또한 건강한 교회를 '교인 수가 늘어나는 교회'라고 결론 내렸다.

어렵게 담임목사로 부임한 곳은 경상도에 위치한 60년 된 기성교회였다. 소속된 교단은 한국기독교장로회(기장)였다. 나는 부임하면서 세 가지 풍문을 없애야겠다는 포부를 가졌다. 1. 경상도에서는 목회가 안 된다. 2. 기성교회는 안 된다. 3. 기장교회는 안 된다. 등과 같은 이런 나의 포부가 나름 멋있게 생각되었다.

🟢 성장주의

건강한 교회는 '교인 수가 늘어나는 교회'라고 확신하며 다섯 가지 목회 방향을 세웠다.

1. 전도중심
2. 열린 예배
3. 목장(소그룹) 중심
4. 프로그램 중심
5. 감성을 자극하는 설교

전도를 위해 우선 전도방법부터 정해야 했다. 그러던 중 익었나, 안 익었나 찔러보는 '고구마 전도법'을 전도방법으로 정했다. 이렇게 정한 이유는 쉽게 할 수 있는 전도방법이었기 때문이다. 찔러보고 반응이 없거나 부정적이면 "안 익었으니까 저런 반응이 나오는 거야"라고 둘러대며 거절을 정리했다. 그래서 부담 없이 노방전도를 했다.

그런 뒤에, 전도 축제 D-day를 정하고 '새 생명 축제'라고 이름 지었다. 사랑의 교회 새 생명 축제와 주안장로교회의 모델을 혼합해서 만들었다. 전체 진행은 이렇게 했다. 교인들이 수개월 전부터 전도대상을 정하도록 하고, 동기부여를 위해 두 달 전부터 주일예배와 수요예배 때마다 전도 간증자를 대거 초청해 집회를 열었다. 3년 동안 그렇게 하니 교인들이 전도에 반감을 갖지 않게 되었다. 연예인들을 초청해 지역홍보를 적극적으로 하는 방법도 있었다.

이런 노력은 1년에 약 150명씩 열매를 맺게 했다. 120명 교회에서 1년에 150명 전도는 지금 생각해 보면 놀라운 일이다. 하지만 그 당시에는 그런 결과에 만족하지 못했다. 나는 계속 목말라 있었다. 목회자의 성장 목마름, 이것이 성장주의 목회가 지닌 치명적인 문제였다.

예배는 열린 예배를 지향했다. 기존 성도들이 지닌 정서나 예배학 이론은 고려하지 않았다. 이유는 '새 가족이 거부감 없이 예배를 드릴 수 있어야 한다'라는 생각 때문이었다. 그래서 열린 예배를 위해 엄청난 일을 벌였다. 주일을 포함한 2박 3일 동안 교인 53명과 비전 트립을 갔다. 잘 알려진 온누리교회, 거룩한빛광성교회, 우리들교회, 지구촌교회 등을 탐방했다. 찜질방에서 자고, 저렴한 음식점을 전전하며 53명이 움직였다. 그 결과, 60년 된 기성교회가 열린 예배를 받아들였다. 주일 예배 시간에 드럼과 전자악기를 연주했고, 성가대 복을 입지 않기도 했다. 성가대석도 없앴다. 설교에도 영상을 도입했다. 새 가족이 거부감 없이 예배를 드리도록 하기 위해서였다. 지금 생각해 보면 교인들에게 감사하다. 일흔이 넘은 어르신들은 거부감과 불편함이 상당히 있으셨을 텐데 말이다.

작은 교회였지만 교인 숫자를 늘리기 위해 많은 프로그램을 도입했었다. 교인들의 상처치유, 영적·내적 성장에 필요한 프로그램은 없었다. 오직 교인 숫자 늘리기에 초점이 맞춰진 프로그램들만 있었다.

교회 성장에 있어 소그룹은 매우 중요했다. 그래서 소그룹 방식으로 지구촌교회 목장 시스템을 도입했다. 부임 초 구역에서 목장으로 명칭을 바꿨다. 구역이 침체해 있었기 때문에 반발은 심하지 않았다. 목자 교육은 일주일에 2시간 동안 진행됐다. '목장 운영방법', '목자의 역할', '목장이란 무엇인가?', '교회 비전' 등 다양한 내용으로 6년간 교육했다. 목자들은 모두 자매였다. 형제 목자를 세워 진행하고 싶었지만 계속 실패했다. (형제 세우기는 동수원장로교회 부임 후 부부학교와 부부목장을 통해 이뤄냈다. 어떻게 해결되었는지는 뒷부분에서 다루도록 하겠다)

자매 목자들과 친밀감, 비전 나눔, 마음 나눔, 생활 나눔을 했다. 첫 부임지에서 이뤘던 교회 성장은 이 목자들이 이룬 것이다. 이들은 열심히 전도했고, 마음을 다해 목장을 인도했다. 프로그램도 목자들이 완성해 나갔다.

설교는 삼지창 형식, 즉 서론, 본론에서 세 가지 대지 그리고 결론에서 예화를 드는 형식이었다. 설교 마지막엔 주제에 맞는 찬양을 불렀다. 설교는 주제설교였다. 어느 때는 인문학 강좌 같은 설교도 했다. 교인 중에 다단계 건강식품을 판매하는 분이 있었는데 그는 내 설교가 직장에서 하는 강의 내용과 비슷하다고 말했던 적이 있다. 그때는 그 피드백이 좋았다. 내 설교를 인정해 준다고 생각했다. 지금 생각해 보면 어이가 없는 피드백인데 말이다. 그때는 내 설교가 얼마나 교인들을 영적으로 죽게 하는지 몰랐다. 주제설교,

인문학 강의, 예화 중심, 찬양으로 감성을 자극하는 것에 치중되었던 첫 목회지에서의 결정적 문제는 사실 설교였다. 깊은 말씀 묵상이 빠진 설교가 얼마나 큰 문제인지 나중에야 깨달았다.

부끄럽지만 처음 목회지에서 행했던 목회는 성장주의 목회였다. 나는 성장주의 목회에서 성공한 경우였다. 4년 만에 120명이었던 교인이 400명까지 성장하는 놀라운 일이 일어났으니까 말이다. 정말 놀라운 일이었다. 이렇게 잘못된 방향으로, 무식하게, 내 욕망을 위해 목회했는데 말이다. 사실 이 성장은 첫 부임지 교인들이 이뤄낸 기적이다. 그러나 잘못된 방향은 언제나 문제를 일으킨다. 많은 목회자가 이 정도 결과라도 내기를 바랄 것이다. 최소한의 기반이 있으니 이 정도라도 하지 기반조차 없으면 시도조차 못한다고 할 것이다. 그러나 나는 단호하게 말할 수밖에 없다. 정말 성장에 미쳐서 열심히 죽을 각오로 하면 어느 정도 된다. 그러나 그다음에는 큰 문제가 기다리고 있다.

🌿 성장주의 결과

나(목회자): 번아웃

성장주의 목회가 주는 피해는 가장 먼저 목회자 본인에게 일어난다. 그리고 목회자는 번아웃 증후군에 빠지게 된다. 금방 지치고, 죽을 정도로 힘들어진다. 성장주의 목회자는 만족하지 않기 때문이다. 멈추지 않고 일만 해서 자기 돌봄, 자기 보호가 안 된다. 결국, 몸이나 마음이 병에 걸린다.

그렇다면 성장주의 목사가 성장에 성공하면 어떻게 될까? 교만해진다. 성장만을 위해 살아왔기 때문에 성장밖에 자랑할 것이 없다. 숫자를 자랑하다 보면 동료 목회자와의 관계도 어려워진다. 지지받고, 응원받고, 속마음을 털어놓을 지지그룹은 점점 없어진다. 가정이라도 행복해야 하는데, 부부관계나 자녀 관계도 어려워진다. 왜냐하면 우선순위가 늘 교회 성장이기 때문이다. 그 결과는 번아웃이다. 나도 첫 부임지에서 마음을 터놓고 대화할 동료가 없었다. 그렇다고 내 아픔과 고통을 가족들과 나눌 수도 없었다. 결국 4년 만에 번아웃 증후군으로 무너져버렸다. 목회를 그만두어야 하겠다고 할 정도로 몸과 마음이 무너졌다. 다른 목회자도 예외는 아닐 것이다. 성장주의 목회자가 성장에 실패하면 자신을 패배자로 여기게 된다. 모든 것을 바쳤는데 실패하면 결국 남는 건 패배감뿐이다. 즉 성공하든, 실패하든 모두 다 번아웃 증후군에 빠지게 된다. 이 모습이 지금 한국교회가 겪고 있는 현실이다.

교인: 의미상실

성장주의로 성도들은 의미상실을 겪는다. 성장주의 목회의 본질에는 인간의 강한 욕망이 자리 잡고 있다. 그래서 성장주의 목사는 교인들의 인정욕구, 경쟁 구도를 이용해서 전도하도록 동기부여 한다. 예를 들면 전도에 상품이나 여행권을 거는 것 등이 있다. 그러나 이런 목회의 대가는 너무 크다. 성도들은 시간이 지날수록 지치게 된다. "내가 왜 이렇게 하지? 교인 수 늘어나는 게 나에게 무슨 의미가 있지?"라는 생각에 의미를 잃어버린다. 그리고 모든 사역이 성과 중심, 일 중심이다 보니 갈등하게 되고, 결국 상처받아 영이 죽는다. 선배 목사들의 성장주의로 많은 교회가 몸살을 앓고 있다. 이런 교회를 이어갈 후배 목사들이 안타깝다. 교인들이 다 지쳐 있다. 그 중심에는 의미상실이 있다.

중직자: 영적 갈급함

성장주의 목회에서 가장 큰 피해자는 중직자들이다. 중직자들은 영적 성장과 교회 부흥을 바란다. 중직자들에게 교인 수가 늘어나는 것은 기쁨이 된다. 그래서 예배나 신앙의 익숙함 등 많은 부분을 양보한다. 예를 들어 전통예배를 오랫동안 드리면서 은혜받았는데, 새 가족을 위해 열린 예배로 바꾸는 것이나 그동안 은혜받은 프로그램을 내려놓고 새로운 트렌드의 프로그램을 수용하는 것이 여기에 해당한다. 그러나 그 기쁨은 딱 거기까지일 뿐이다.

교인 수가 늘어나는 것만으로는 영적 성장을 이루지 못한다. 그래서 중직자들은 영적 갈급함에 몸부림친다. 영적 갈급함이 채워지지 않으면 두 가지 모습이 나타나는데, 그중 하나는 공격성이다. 사람은 욕구가 충족되지 않으면 화가 난다. 그 화는 반드시 누군가에게 흘러가는데 교회 내에서 그 대상은 목사나 다른 교인이 된다. 그래서 본의 아니게 중직자들이 공격적인 사람이 되는 경우가 있다. 다른 하나는 이단에 빠질 위험성이다, 영적 갈급함을 채우기 위해 교회 밖을 돌아다니다 잘못해서 그만 이단에 빠지게 된다. 이 모든 원인이 성장주의 목회에 있다.

이처럼 성장주의는 목회자에겐 번아웃을, 교인들에겐 의미상실을, 중직자들에겐 영적 갈급함을 줄 뿐이다. 교회는 행복하고, 즐겁고, 재미있고, 보람차고, 은혜롭고, 치유와 회복이 있고, 영적 성장이 있어야 한다. 이것들이 채워지면 교회는 반드시 성장한다. 앞으로 4차 산업혁명 시대를 지나는 현대인들에게 이런 교회는 더욱 필요하다. 성장주의를 지향해서 억지로 성장하는 것과 교회의 존재 목적이 채워지며 성장하는 것은 전혀 다르다.

🍀 위기의 진행

4년 차가 되니 성장주의 목회의 폐해가 그대로 드러나기 시작했다. 교인들도 담임목사의 목회 본질을 알아채기 시작했다. 연말 당회 때 교회 성장의 대가로 차를 뽑아 주겠다는 독이든 성배를 받았다. 처음엔 체어맨을 준다고 해서 깜짝 놀랐다. 40대 초반 목사에게 체어맨을 준다니 … 내 목회를 인정해 준다는 생각이 들어 기분이 너무 좋았다. 그러나 일단 거절하고, 아내에게 자랑하면서 이 얘기를 전했다. 그랬더니 아내는 나에게 쏘나타를 타라고 조심스럽게 권했다. 이 말은 겸손하여지라는 메시지였다. 그러나 나는 체어맨이라는 말에 정신 차리지 못하고 흥분해 있었다. "아내와 당회 중간 정도에서 정하면 문제가 없겠지!"라고 생각하며 그랜저를 선택했다. 그러나 문제가 발생했다. 제직회에서 "무슨 40대 초반 목사가 그랜저를 타냐"고 난리가 난 것이다. 자존심이 무척 상했다. "내가 이 교회를 4년 만에 3배도 넘게 성장시켰는데, 이게 무슨 소리야?" 교인들과 균열이 생기기 시작했다. 이때부터 교인들은 나의 성장주의를 간파했다. 그럼에도 나는 이 독이든 성배를 가슴에 품고 더욱더 성장에 매달렸다.

🌳 위기의 폭발

5년 차가 되던 해, 교육관 리모델링으로 1억짜리 공사를 진행했다. 그런데 공사가 진행되는 과정에서 자꾸만 잡음이 들렸다. 비리가 있다는 추측이 난무했고, 결국 제직들은 업주 선정과정과 공사비 공개를 요청했다. 하지만 나는 이 공사에 관여하지 않았기 때문에 나에게 하는 소리가 아니라고 생각하고 무시했다. 그런데 계속되는 문제 제기로 리모델링 담당 장로는 시험에 들었고, 당회의 권위는 땅에 떨어져 갔다. 그러나 나는 뒷짐 지고, 신경 쓰지 않았다. 내가 개입하지 않았기 때문이다. 이는 리더가 가져서는 안 되는 무책임한 행동이었다. 제직들이 제기한 문제의 본질은 사실 나에 대한 것이었지만, 나는 이를 알아채지 못하고 있었다. 하루는 안수집사가 나에게 찾아왔다. 그 안수집사는 나에게 폭탄 발언을 퍼부었다. "목사님이 교회 부흥을 위해 한 게 뭐가 있어요? 누구도 이런 성장을 원하지 않아요! 교인들이 지금 얼마나 아파하는지 알아요?" 그 집사님은 용기를 내서 진심 어린 충고를 했다. 그러나 나는 그것을 받아들일 수 없었다.

교인들이 얼마나 아파하는지에 마음을 썼어야 했지만, 그 당시 나는 성장주의에 빠져 있었다. 그래서 그 말에 화가 났다. "이 교회 부흥이 누구 때문인데? 내가 열심히 해서 이뤄낸 열매야!" 이런 생각에 사로잡히니 가슴이 뛰고, 머리카락이 곤두서고, 분노가 하늘을 찔렀다. 모든 에너지가 하늘로 빠져나가는 것 같았다. "이 안수집사는 사탄이다. 지금 교회 분위기가 얼마나 좋은데? 오히려 그가 이 교회를 어렵게 만들고 있어. 목사를 힘들게 하는 것은 사탄의 짓이야." 이런 착각에 사로잡혀 현실을 보지 못했다. 자존심은 바닥을 쳤고, 분노가 치밀어 올랐다. 그리고 여러 소리가 귀에 들어왔다. 모두 나를 공격하는 사탄의 소리로 여겼다. 지금 생각하면 그 소리는 내 성장주의 목회의 결론이었다. 그 소리에 마음 다해 귀를 기울여야 했지만, 그때 내 귀는 닫혀 있었고, 마음에 여유도 없었다. 깨달을 준비가 되어 있지 않았다. 왜? 번아웃 증후군에 빠져 있었기 때문이다. "사임해야 하나?" 여러 가지를 고민했다. 감사하게도 이때부터 하나님의 강력한 역사가 나타나기 시작했다.

2.1 / 만남의 축복으로 세워짐

● 만남의 축복 1.
시애틀형제교회 권준 목사

인생을 살면서 수없이 많은 사람을 만난다. 그중에는 쉽게 잊는 사람도 있고, 오랫동안 기억에 남는 사람도 있다. 악한 영향을 주는 사람도 있고, 선한 영향을 주는 사람도 있다. 사람을 잘 만나는 것은 축복이다. 그리고 그 만남은 위기 속에서 빛난다. 왜? 하나님의 역사가 사람을 통해 일어나기 때문이다. 하나님께서는 번아웃되어 있는 나에게 만남이라는 복을 주셨다. 그중 하나가 시애틀형제교회 권준 목사님과의 만남이다. 사랑하는 친구 목사가 권준 목사님을 소개해주었다. 그 후 시애틀형제교회 컨퍼런스에 참여해 권준 목사님과 관계를 맺었다. 하지만 그때까지만 해도 그렇게 깊은 관계는 아니었다.

목회 위기가 찾아왔을 때 가장 나쁜 선택은 대책 없는 사임이다. 목회 위기는 성장할 기회이기도 하며 교인들의 마음과 하나님의 마음에 귀를 기울일 때이기도 하다. 그렇게 목회 위기를 돌파하면 하나님께서 길을 열어주신다. 감사하게도 하나님께서 나에게 이런 길을 예비하셨다. 어느 장로님이 직언을 해 주셨다. 사임하지 말고, 2개월간 연수하며 천천히 생각해 보라고. 나는 시애틀형제교회가 생각났다. 그곳에서 2개월간 충전도 하고, 새로운 길도 모색해야겠다고 마음먹었다. 하나님께서 그 길을 순탄히 열어주셨다. 당회는 연수를 허락했고, 시애틀형제교회 권준 목사님도 흔쾌히 허락해 주셨다.

그 시간은 나에게 축복이었다. 사랑 이야기를 시작할 수 있는 전환점이 그곳에서부터 싹트기 시작했다. 권준 목사님과의 만남에서 나는 목회의 많은 부분을 배웠다. 우선 비전을 말씀으로 세워야 한다는 것을 배웠다. 그 비전을 어떻게 교인들과 나누는지도 배웠다. 사람을 세우는 목회 원리도 배웠다. 더 나아가 목회는 사랑의 관계임을 배웠다. 엄청난 배움의 시간이었다. 이때 비로소 목회는 기술이 아니라 사랑이라는 것을 깨달았다. 이때부터 나는 권준 목사님의 건강한 목회 원리를 한국 교회와 나누는 꿈을 꾸었다. 이것이 동수원장로교회에서 권준 목사님을 모시고 컨퍼런스를 여는 이유이다.

🍀 만남의 축복 2.
하나님의 사랑

인생에서 나는 하나님과의 만남을 네 번 경험했다. 물론 하나님은 일상에서도 우리를 만나 주신다. 그러나 광야에서 하나님을 만나는 경험은 말로 표현할 수 없이 극적이다. 첫 번째 만남은 중학교 시절 수련회에서였다. 첫사랑의 경험, 말로 표현할 수 없는 기쁨이었다. 그때 목사가 되기로 서원했다. 두 번째 만남은 프레스디아스 영성 수련 프로그램에서였다. 그 프로그램을 통해 만난 하나님은 방황하던 내 청년 시절을 마무리하도록 인도해 주셨다. 이때부터 목회에 집중할 수 있었다. 세 번째 만남은 아내와의 관계에 위기가 왔을 때였다. 이때 하나님은 내가 얼마나 이기적이고, 열등감이 크며, 욕심에 가득 차 있는지 알게 하셨다. 그렇게 하나님은 만남을 통해 나를 돌아보게 하셨고, 가장 중요한 관계를 회복시켜 주셨다. 마지막 만남은 첫 부임지에서 번아웃되어 시애틀로 갔을 때다. 형제교회 소개로 미국 기도원에 갔는데, 그곳에서 하나님과 깊은 만남이 있었다. 처음엔 하나님을 원망했다. 나를 힘들게 한 사람들을 원망했다. 그래서 이틀 동안 토해냈다. 내 마음에 있던 상처, 분노, 두려움, 불안, 아픔을 다 토해냈다. 나중에는 이 토해냄이 꼭 필요했단 걸 깨달았다. 토해냄을 겪으면 하나님의 은혜로 온전히 나아갈 수 있다. 셋째 날부터 하나님의 사랑이 폭포수처럼 임했다. 내 존재 자체를 수용하고, 지지하고, 인정하고, 존중해 주시는 그 손길이 나를 감쌌다. 주체할 수 없는 사랑이 나를 삼켰다.

이런 말씀이 마음에 울렸다. "나는 네가 목회를 잘해서 사랑하는 게 아니야. 나는 네 존재 그대로 사랑해. 이 우주보다 더 나를 가슴 뛰게 하는 존재가 바로 너야. 사랑한다. 상현아. 너는 내 사랑의 열정이야, 내 마음이 너를 향해 있어. 괜찮아. 네가 성공하지 않아도, 네가 목회를 잘하지 못해도, 나는 너를 사랑해." 하나님은 나를 존재 자체로 받아주셨다. 목사라는 꼬리표, 가장이라는 꼬리표, 성공이라는 꼬리표를

외면하셨다. 나 자신도 만족 못 한 나인데, 나 자신도 수용 못 하는 나인데 … 하나님은 내 모습 그대로 나를 받아주셨다. 너무나 큰 사랑에 감격해 하염없이 울고 또 울었다. 이때의 경험을 통해 인생의 진정한 행복은 하나님의 사랑을 느끼고 경험하는 것이라 확신하게 되었다. 그리고 목회는 이 사랑을 교인들에게 전해주는 것이란 사실을 알게 되었다. 무엇으로? 말씀으로!

🟢 만남의 축복 3.
동수원장로교회

하나님과 만남, 권준 목사님과 만남을 통해 많은 것들이 회복되고, 나는 다시 첫 부임지로 돌아갔다. 교인들에게 받은 은혜와 깨달음을 고백했다. 그리고 다시 목회할 기회를 달라고 부탁했다. 교인들은 부족한 종을 받아줬고, 나는 다시 목회를 시작했다. 하지만 문제가 있었다. 목회 방향은 수정되었는데, 그것을 힘 있게 추진할 내용을 준비하지 못했다. 하나님의 사랑을 전하는 목회를 하고자 노력했지만, 교인들에게 흘려보낼 내용이 부족했다. 그때부터 2년간 말씀에 집중했다. 그렇게 2년을 보내는 중 하나님께서 새로운 계획을 준비하셨다. 임지를 옮겨 준비한 목회를 잘 펼치도록 인도해 주셨다. 그곳이 바로 동수원장로교회다. 지금 돌이켜 보면 동수원장로교회로 오는 것도 모두 하나님의 역사였다.

 동수원장로교회로 임지를 옮기는 것은 목회적으로 무모한 도전이었다. 더욱이 동수원장로교회 김종성 원로 목사님은 스피치, 추진력, 리더십의 대가이자 목회의 달인이시다. 그 큰 산을 어떻게 넘어야 할지 … 암담했다. 프로그램조차 내가 해본 프로그램보다 더 질 높게 진행하고 있었다. 그리고 30년간 원로 목사님과 열정적으로 동역하면서 교인들도 나름 지쳐있었다. 나는 위축됐고, 부담과 책임감에 두려웠다. 그러나 하나님은 부족한 종을 성장시켜 사용하셨다.

🌸 만남의 축복 4.
우진성 목사와의 만남

임지를 옮기면서 담임 목사로서 성장해야 할 부분이 너무나 많았다. 우선 설교였다. 주제설교의 한계를 느낀 나는 막연히 성경적 설교를 해야 한다는 부담감이 있었다. 나에게 설교 개발은 큰 과제였다. 또 성장주의를 대신할 비전이 필요했다. 성경적이며, 명확한 비전을 세워야 했다. 그 비전 아래 목회를 재구성해야 했다.

이런 갈급함을 가지고 기도하던 중 응답이 있었다. 미국 클레어몬트 신학교에서 신약학을 공부하고 돌아온 우진성 선배 목사를 만난 것이다. 우진성 목사에게는 10여 년 동안 공부한 말씀을 목사들과 함께 나누고자 하는 꿈이 있었다. 그러던 차 말씀에 대한 갈급함을 가진 나를 만났고, 후배의 강력한 요청에 흔쾌히 마음을 열어주었다.

첫 시간부터 은혜였다. 한국 교회에 대한 비전을 공유하면서 둘은 눈물을 흘리며 울었다. 남은 인생을 한국 교회 회복에 헌신하자고 다짐했다.

그 후 우리는 매주 2~3시간씩 만나 성경을 공부했다. 말씀 공부가 꿀 같았다. 말씀으로 채워지니 여기가 천국이었다. 나부터 배운 말씀대로 살려고 애썼다. 그랬더니 조금씩 성장해 갔다. 그리고 말씀으로 세워지는 교회가 건강한 교회라는 사실도 알게 되었다.

이 만남을 통해 성경 중심 말씀선포가 자리 잡게 되었다. 이로 인해 교인들에게 진정한 가치와 의미를 전달할 수 있었다. 그리고 하나님 나라에 자발적으로 기꺼이 참여하고자 하는 동기부여도 자연스럽게 일어났다.

이뿐 아니라 성경적이고 명확한 비전이 세워졌다. 그 비전에 맞춰 훈련 프로그램을 체계화했다. 나부터 진리의 말씀에 온전히 서고, 성장해 가니 목회가 행복했다. 전혀 지치지 않고 미래가 기대됐다. 지금도, 앞으로도 이 일들은 더 나아갈 것이다. 교인들과 함께 건강하고 아름다운 교회를 세워나가는 것이 기쁘고, 감사하다.

지금 나는 이 변화를 다른 목회자들과 나누고 싶다. 동료들에게 20년 넘게 잘못 걸어온 나의 목회의 경험을 알려주고 싶다. 지금 내가 누리고 있는 진리 안에서 자유롭고 기쁜 목회를 함께 나누고 싶다. 그래서 우리 동료들은 일찍부터 행복한 목회, 건강한 교회를 경험했으면 좋겠다. 그리고 많은 건강한 교회가 동료들을 통해 세워졌으면 좋겠다. 이런 모든 성장 과정에 우진성 목사가 함께했다. 이 만남은 하나님의 축복이다.

2

사랑, 이야기를 만나다

동수원장로교회 목회 초기를 생각하면 아찔하다. 목회계획도 미천했고, 목회 철학도 불분명했다. 설교 몇 번은 잘할 수 있지만, 지속해서 은혜를 나누기엔 말씀의 깊이가 턱없이 부족했다. 오로지 하나님께서 함께하신다는 믿음 그리고 그 믿음에서 흘러나온 자신감뿐이었다. 왜 이 믿음을 가지게 되었나? 청빙 될 실력과 경력이 아님에도 청빙됐기 때문이다. 그래서 나를 이곳에 보내신 하나님의 계획을 믿었다. 그리고 실제로 그 일은 목회에서 나타났다. 신기하게도 하나님께서 동수원장로교회에 필요한 비전을 생각나게 하셔서 그것을 체계화할 수 있게 하셨다. 지금 돌아보면 그 시기와 타이밍이 기막히다. 그렇게 하나님은 폴라로이드 사진처럼 처음엔 흐릿했지만, 점차 분명한 하나님의 비전을 만들어 주셨다. 그렇게 세워주시고, 만들어 주신 하나님의 사랑 이야기 비전을 이제 나누려 한다.

보혜사 곧 아버지께서 내 이름으로 보내실 성령 그가 너희에게 모든 것을 **가르치고** 내가 너희에게 말한 모든 것을 **생각나게 하리라** (요 14:26)

2.1 / 사랑과 이야기의 연결

사랑 이야기 비전은 마틴 루터처럼 로마서를 읽고 큰 깨달음이 와서 세운 것이 아니다. '원로 목사님의 목회를 어떻게 계승하고 혁신할까?'하고 고민하고 기도하면서 생각해 낸 생존형 비전이다. 비전을 선포하고 나니 몇 사람이 물었다. "사랑이면 사랑이지 왜 사랑 이야기입니까?" 적절한 질문이다. 사랑과 이야기의 연결에 관한 질문을 받고 묵상해 보았다. 지금 와서 생각해 보니, 사랑 이야기 비전은 이 묵상에서 출발해야 한다는 걸 깨닫게 된다.

사랑은 세상에서 가장 식상한 말이 되었다. 노래, 문학, 영화 그 어디에도 사랑을 말하지 않는 곳이 없다. 이렇게 식상한 사랑이 여전히 우리에게 감동을 주는 이유는 뭘까? 그 이유는 '사랑'이 우리의 '삶의 자리'를 기반으로 전해지기 때문이다. 사랑이란 단어 자체엔 힘이 없다. 그러나 사랑이란 단어가 삶의 자리와 연결될 때 비로소 감동과 힘이 생긴다. 사랑은 우리의 삶의 자리에서 시작된다. 사랑은 그 자리에서 꽃이 피고 열매를 맺는다. 즉 삶의 자리가 바로 사랑의 시작점이고, 과정이며, 완성되는 곳이다. 이야기도 마찬가지다. 이야기도 늘 '삶의 자리'를 기반으로 한다. 경험, 사건 등은 삶의 자리에서 일어나는 일들이다. 이것을 엮으면 이야기가 된다. 그러므로 사랑과 이야기는 "삶의 자리를 기반으로 한다."는 점에서 연결된다.

사랑에는 반드시 위기가 찾아온다. 그러나 위기는 오히려 사랑이 필요한 시간이다. 그 위기 속에서 사랑은 더 아름답게 드러난다. 부부는 늘 싸운다. 싸우지 않는 부부는 없다. 그렇다고 사랑이 없나? 그렇지 않다. 사랑이 많은 부부도 싸운다. 싸우되, 잘 화해한다. 사랑이 많은 부부는 싸울 때 사랑을 더 잘 사용한다. 그래서 잘 화해한다. 그런 면에서 사랑은 위태로울 때 더 필요하다.

마찬가지로 이야기에도 위기와 갈등이 있다. 위기가 없는 이야기는 지루하다. 위기가 해소되는 과정이 있어야 재밌고, 위기와 갈등이 심할수록 그 이야기는 더 빛난다. 그러므로 사랑과 이야기는 위기라는 상황 속에서 긴밀히 연결된다.

그 예가 바로 예수님의 사랑 이야기다. 왜 그런가? 그 이야기는 삶의 자리에서 일어난 사건이기 때문이다. 예수님 이야기는 천국 사건이 아니다. 하늘에서 완성된 사건도 아니다. 사람들이 사는 삶의 자리에서 일어난 사건이고, 완성된 사건이다. 또 예수님은 십자가 위기를 지났다. 십자가는 예수님의 사랑을 드러내는 절정이다. 그리고 그 십자가 위기는 부활 승리로 해소되었다. 그런 의미에서 우리에게 주신 것이 '사랑 이야기'다.

교회도 예수님처럼 사랑 이야기를 쓰는 곳이다. 교인도 마찬가지다. 삶의 자리에서, 위기 상황에서 예수님처럼 사랑 이야기를 써야 한다. 이렇게 사랑과 이야기를 연결해 '사랑 이야기'를 말해본다.

2.2 / 사랑 이야기 원리

🌳 서로 사랑 발견

하나님 사랑, 이웃 사랑은 복음서에 있는 가장 큰 계명이다. 그런데 그동안 눈에 잘 들어오지 않던 '서로 사랑'이 요한복음 강해를 하면서 들어왔다. 그때 이런 질문이 생겼다. 하나님 사랑, 이웃 사랑이면 충분한데 왜 예수님은 서로 사랑이란 새 계명을 선포하셨을까? 연구하면서 그 이유를 알게 되었다.

요한복음은 복음서 중 가장 늦은 AD 90년경에 쓰인 복음서다. AD 70년경 예루살렘은 로마에 의해 초토화되었다. 그 당시 유대 기독교인들은 모두 전쟁 피해자였다. 거기다 요한복음이 쓰인 시기는 기독교인들이 유대교 회당에서 쫓겨난 시기이기도 하다. 그들은 얼마 전까지만 해도 함께했던 공동체로부터 배척을 당했다. 그때 그들에게 필요한 것은 무엇이었을까? 그들에게는 영적 가족끼리 서로 주고받는 따뜻함, 격려, 위로가 필요했다.

또 요한 공동체는 부자와 빈자, 주인과 노예, 유대인과 비유대인, 남자와 여자, 어른과 어린이 등 다양한 계층, 인종, 민족으로 구성되어 있었다. 그렇다면 갈등이 얼마나 심했을까? 같은 민족, 같은 지역, 같은 혈족으로 구성된 현대 교회도 갈등이 많은데 말이다. 하나님 사랑, 이웃 사랑만으로는 해결할 수 없었다. 그래서 요한은 예수님이 말씀하신 새 계명을 성령의 도우심으로 기억해 낸다. 그것이 바로 '서로 사랑'이다.

> 새 계명을 너희에게 주노니 서로 사랑하라 … (요 13:34)

> 내 계명은 곧 내가 너희를 사랑한 것 같이 너희도 서로 사랑하라 하는 이것이니라 (요 15:12)

'서로 사랑'을 통해 공동체 안에 있는 상처를 치유해야 했다. 서로 사랑은 혈연 가족과 영적 가족 간에 이루어진 사랑이다. 한국 교회는 어떤가? 교회가 무너지고 있으며 세상으로부터 욕을 먹고 있다. 각 교회의 모습을 보면 하나님 사랑, 이웃 사랑을 잘하려고 애쓰고 있다. 그런데 왜 무너져 가고, 욕을 먹고 있는가?

바로 '서로 사랑'을 하지 못하기 때문이다. "가족, 교인 간에 관계도 잘 풀지 못하면서 무슨 하나님 사랑, 이웃 사랑이냐?" 전도하는 우리를 향해 세상 사람들이 말한다. "너나 잘하세요!" 지금은 한국 교회에 이 '서로 사랑'이 너무나 필요한 시기다. 나는 이것을 확신한다.

사회문제, 경제문제, 교육문제가 고스란히 가정으로 흘러들어와 가정을 파괴하고 있다. 가정은 행복과 기쁨보다는 상처와 아픔을 주는 공간으로 전락하고 있다. 가족 간 서로 사랑으로 가정을 회복하고 행복을 되찾아야 한다. 그래야 점점 소외되어 외로움으로 고통당하는 현대인들을 도울 수 있다.

'서로 사랑'으로 행복한 공동체를 소개해야 하고, 보호와 수용, 격려와 지지가 있는 안전지대를 만들어야 한다. 나는 가족과 영적 공동체가 회복한 '서로 사랑'이 현대사회가 가진 문제들을 풀 수 있는 열쇠라고 확신한다.

나는 이 확신을 교인과 나누고, '서로 사랑'을 사랑 이야기 비전에 추가했다. 그렇게 '하나님 사랑', '서로 사랑', '이웃 사랑'을 선포했다. '서로 사랑'을 추가함으로 사랑의 영역이 완성되었다. 하나님 사랑의 주체는 하나님이다. 이것은 가장 본질적인 사랑이다. 서로 사랑의 대상은 혈연 가족이나 영적 가족(교회 공동체)이다. 서로 사랑으로 하나님의 사랑이 더 증폭된다. 마지막 이웃 사랑의 대상은 잘 알지 못하는 사람, 예수를 믿지 않는 사람 그리고 사회적 약자이다. 증폭된 사랑을 자연스럽게 이웃에게 흘려보내는 것이 사랑 이야기 비전이다.

자 그럼 지금부터 하나님께서 깨닫게 해 주신 사랑 이야기 원리를 나누겠다.

❖ 하나님 사랑 받고

 고기도 먹어본 사람이 그 맛을 알 듯, 사랑도 받아본 사람이 한다. 충만한 사랑을 받아본 적이 없는데 텅 빈 가슴으로 누군가를 사랑한다는 것은 불가능하다. 그러므로 우리는 먼저 하나님의 사랑을 받아야 한다.

 내 안에 있는 사랑을 억지로 짜내서 일회적으로 누군가를 사랑할 순 있다. 그러나 그것은 분명히 한계가 있다. 가족 중에 사랑을 달라고만 하는 사람이 있으면 가족 모두 힘들고 지친다. 그리고 "내가 왜 이렇게까지 사랑을 줘야만 하나?"라는 회의감이 밀려온다. 그것은 내 힘으로만 하는 억지 사랑이기 때문이다. 그러나 하나님의 사랑을 충만히 받은 사람은 억지로 짜낼 필요가 없다. 내 안에 하나님의 사랑이 가득 차고 흘러넘치기 때문에 자연스럽게 그 사랑을 주변 사람들에게 흘려보내면 된다.

 하나님의 사랑을 받으면 자발적으로 기꺼이 사랑을 흘려보낸다. 그래서 이러한 사랑이 중요하다고 교인들에게 반복적으로 선포하고 있다. 왜냐하면 '자발적으로 기꺼이'라는 말은 지금 하는 사랑이 하나님의 사랑을 받고 하는 것인지 아니면 자신의 억지 사랑인지 점검하는 기준이 되기 때문이다.

그렇다면 하나님의 사랑을 어떻게 받아야 할까? 하나님의 사랑이라는 것이 도대체 무엇일까? 신비한 체험을 해야만 그 사랑을 느낄 수 있을까? 오랜 시간 수련해야 그 사랑을 받을 수 있을까? 그렇지 않다. 하나님께서는 이미 우리가 하나님의 사랑을 경험하고, 느끼고, 알 수 있도록 가장 위대한 사랑을 주셨다. 그 사랑이 바로 예수 그리스도다. 하나님은 예수 그리스도를 통해 그 사랑을 알게 하셨다. 그를 통해 느낄 수 있고, 누릴 수 있다. 성경은 예수 그리스도를 통해 드러난 하나님의 사랑에 대하여 이렇게 말씀하고 있다.

> 우리가 아직 죄인 되었을 때에 그리스도께서 우리를 위하여 죽으심으로 하나님께서 우리에 대한 자기의 사랑을 확증하셨느니라(롬 5:8)

> 사랑은 여기에 있으니, 곧 우리가 하나님을 사랑한 것이 아니라, 하나님께서 우리를 사랑하셔서, 당신의 아들을 보내 주시고, 우리의 죄를 속하여 주시려고, 속죄제물이 되게 해주신 것입니다(표준새번역, 요일 4:10)

> 영접하는 자 곧 그 이름을 믿는 자들에게는 하나님의 자녀가 되는 권세를 주셨으니 (요 1:12)

선악과 사건 이후 하나님과 우리의 관계는 깨졌다. 이것은 성경적으로 죄를 의미한다. 이때 죄의 본질은 하나님과의 관계 단절이다. 그렇다면 구원은 무엇인가? 구원의 핵심은 하나님과의 관계 회복이다. 다시 사랑하는 관계로 회복되는 것이다. 그러나 안타깝게도 우리는 스스로 하나님과의 관계를 회복할 수 없다. 우리 안에는 사랑이 없기 때문이다. 그래서 먼저 하나님께서 자신의 사랑을 우리에게 보여주셨다. 그것이 바로 예수 그리스도다.

하나님께서는 죄인인 우리에게 자기 아들 예수 그리스도를 보내 주셔서 우리 죄를 용서하시고, 우리를 하나님의 자녀로 인정하셨다. 예수님께서는 하나님과 우리의 관계를 회복시켜 주셨고, 그 회복된 관계를 영원토록 누리게 하셨다. 이것이 바로 예수님을 통해 얻은 영원한 생명이다. 이런 놀라운 사랑 이야기는 하나님을 향한 우리의 사랑으로 시작되지 않았다. 하나님이 먼저 우리를 사랑하셔서 시작되었고, 완성되었다.(요일 4:10) 이것이 복음이고 은혜다. 이것이 하나님의 사랑이다. 성경은 이것을 아가페 사랑이라 말한다.

그렇기에 먼저 이 끝없는 아가페 사랑을 받아야 한다. 우리 안에는 사랑이 없기 때문이다. 사랑하는 삶을 살기 위해서는 먼저 예수 그리스도를 통해 아가페 사랑을 받아야 한다. 이 복음의 진수를 충분히 깨닫고 예수 그리스도를 영접해야 한다. 그러므로 하나님의 사랑이 없으면 우리는 사랑할 수 없다. 예수 그리스도를 통해 드러난 하나님의 사랑은 우리가 말하는 사랑, 곧 아가페 사랑이다(이 아가페 사랑은 우진성 목사를 통해 뒷부분에서 자세히 소개하겠다). 그러므로 우리들이 쓰고자 하는 사랑 이야기의 첫걸음은 바로 이것이다.

'하나님 사랑을 받고'

❀ 서로 사랑하고

예수 그리스도를 통해 하나님의 사랑을 받았다면, 이제 그 사랑을 살아내야 한다. 그 첫걸음이 바로 '서로 사랑'이다. '서로 사랑'은 혈연 가족, 영적 가족과 나누는 사랑이다. 예수님을 통해 혈연 가족을 넘어 그리스도 안에서 만나는 영적 가족이 생겼다.(새번역, 엡 2:19, 히 3:6) 우리가 받은 '하나님의 사랑'은 반드시 '서로 사랑'으로 흘러가야 한다. 가족 간 서로 사랑이 없다면 하나님의 사랑은 낭비고, 이웃 사랑은 거짓일 뿐이다.

구원처럼 '서로 사랑'의 본질도 관계 회복이다. 실제로 교회에서 은혜를 받지만, 집에 가서 받은 은혜를 쏟아버리는 경우가 많다. 온 맘 다해 찬양하고, 기도하고, 예배드린 후 집에 가면 가족과 다투는 일이 얼마나 많은가? 또 교인들과 갈등하면서 받은 은혜를 쏟아버리는 경우 또한 얼마나 많은가? 이렇듯 교회를 향한 세상의 비난은 '서로 사랑'을 하지 못하기 때문이다. 우리가 신앙생활을 잘하지 못하는 이유 역시 살펴보면 대부분 '서로 사랑'이 안 되기 때문이다.

많은 그리스도인이 '서로 사랑'하기를 힘들어한다. 지금까지 한국 교회에서는 하나님의 사랑을 받는 것에만 초점이 맞춰졌기 때문에 '서로 사랑'을 중요한 가치로 인식하지 못했다. 당연히 '서로 사랑'에 대한 깊은 갈망을 갖지도 못했다. 심지어 '서로 사랑'을 당연한 것, 더 나아가 부정적으로 생각하고, 그것을 신앙과 대립시켰다. 예를 들어 교회 사역과 가정 사역 중 하나를 선택해야 할 때 목회자들은 교회 사역을 선택해야 한다고 가르쳤다. 그래서 얼마나 많은 가정이 힘들었나?

우리가 잘 아는 고린도전서 13장 4-7절은 영적 가족들과 심각한 분쟁을 일삼았던 고린도 교회에 바울이 남긴 말이다. 고린도 교회에는 당파문제가 있었고, 바울은 당파들로 반목하던 고린도 교회 성도들에게 사랑하는 방법을 알려주었다. 바울 사도는 이 말씀을 통해 '서로 사랑'의 참모습을 보여주고 있다. '서로 사랑'은 감정이 아니라 의지이다. 즉 '서로 사랑'은 흔히 첫눈에 반해 느끼는 성적 끌림이 아니라 사랑하는 이를 위해 모든 것을 해주고자 하는 의지이다. 그러므로 서로 사랑은 마음으로만 품고 있는 것이 아니라 반드시 행동으로 나타나야 한다.

그래서 '서로 사랑'이 쉽지 않다. 미운데, 싫은데, 상처받았는데 관계 회복을 위해 '서로 사랑'을 살아내야 한다는 것이 어찌 쉬울 수 있겠는가? 그러나 하나님의 사랑이 구현되는 출발점은 '서로 사랑'의 현장임을 기억해야 한다. '서로 사랑'은 아가페의 첫걸음이다. 먼저 가정에서, 교회 내에서 나누는 '서로 사랑'이 깊어지면 하나님 사랑과 이웃 사랑은 저절로 따라온다. 그런 의미에서 '서로 사랑'은 아가페 사랑을 증폭시키는 힘이 있다.

🍀 이웃과 사랑을 나누자

'이웃 사랑'의 대상은 모르는 사람, 특히 영적으로는 안 믿는 자를 뜻한다. 그리고 사회 안에서는 구약성경대로 고아와 과부와 나그네에 해당하는 약자를 지칭한다. 예배만 드리고 서로 교제만 나누라고 하나님께서 교회를 세우신 것이 아니다. 교회는 분명한 존재 목적이 있다. 영적으로는 영혼 구원이고, 사회적으로는 약자를 돌보는 일이다. 이것이 '이웃 사랑'의 영역이자 방향이다.

그러나 '이웃 사랑'을 윤리적, 도덕적, 정치적으로만 접근하면 건조해지고 진실함이 없어진다. 그렇게 되면 '이웃 사랑'을 유지하는 지속력도 사라진다. 잘못된 '이웃 사랑'은 오히려 상대에게 상처를 준다. 전도가 그렇다. 지금까지 한국교회는 목표달성을 위해 수단과 방법을 가리지 않고 전도해왔다. 이웃이 처한 사정과 마음을 배려하지 않은 채 공격적이고 배타적으로 전도해왔다. 예를 들어 지하철에서 '예수 천당, 불신 지옥' 외치기, 현관문이 닫힐 때 발 넣기, 전도대상자가 보인 거절 무시하기 등이 그런 모습이다. 감사하게도 그동안 사람들의 마음은 순수했고, 하나님께서도 열매를 허락하셨다. 그러나 이런 전도방법이 주는 부작용은 임계점을 넘었다. 이런 전도에 세상 사람들은 이미 오래전부터 고개를 돌렸다. 사실 전도는 '이웃 사랑'의 꽃이다. 전도의 본질이 사랑임을 기억했으면 좋겠다. 그래서 전도는 더 많은 배려와 이해, 존중 속에서 행해져야 한다.

우리 교회 '사랑 이야기 동수원팀'의 사역을 예로 들어보겠다. '사랑 이야기 동수원팀'은 동수원 지역에서 전도를 담당한다. 이들은 매월 독거노인들에게 반찬 나눔을 한다. 교인들로부터 후원을 받아 직접 장을 보고, 직접 요리한 음식을 나눈다. 그리고 직접 배달까지 한다. 더 나아가 반찬 나눔에서 멈추지 않고 노인들이 겪은 아픔을 듣는다. 분기마다 어려운 가정을 선택해 집수리도 한다. 이 모든 과정이 교인들의 후원과 '사랑 이야기 동수원팀'의 헌신으로 이뤄진다. 아파트 전도도 입주하는 분들의 마음을 헤아려 수세미를 직접 만들고, 휴지, 교회 안내서, 주보를 예쁜 봉지에 넣어 출입문 손잡이에 걸고 기도해 준다. 이렇게 하는 이유는 우리의 사랑이 기도를 통해 완성된다는 믿음이 있기 때문이다. 그리고 1년에 한 번 전도대상자를 작정해 목장(소그룹)에 초청한다. 그곳에서 하나님의 사랑을 섬김으로 전한다. 예수님이 한 영혼을 귀히 여기신 것처럼 그 한 사람만을 위한 잔치를 벌인다. 그리고 하나님의 은혜를 간증한다. 초대된 사람이 그 과정에서 존재감, 존중감, 수용과 지지 등을 느낄 수 있도록 섬긴다. '사랑 이야기 동수원팀'의 이런 전도방법은 배려, 섬김 그리고 존중이 있기에 아름답고 귀하다.

그 밖에 실천되고 있는 이웃사랑으로는 '사랑 이야기 국내', '사랑 이야기 열방', '어메이징 터치 태국' 등이 있다. 모두 자발적으로 기꺼이 참여하고 있으며, 섬김을 중심으로 사랑을 흘려보내고 있다. 자세한 것은 사랑 이야기 구현편에서 나누겠다.

'이웃 사랑'은 '하나님의 사랑'을 받고, '서로 사랑' 하는 중에 넘치는 그 사랑을 자발적으로 기꺼이 흘려보내는 것이다. 그래서 이렇게 말할 수 있다. 하나님의 사랑은 '사랑의 본질'이고, 서로 사랑은 '사랑의 증폭'이며, 이웃 사랑은 '사랑의 흘러넘침'이다.

🌳 그리고 하나님을 사랑하자

예수 그리스도를 통해 하나님 사랑을 충만히 받으면 세 가지 사랑을 해야 한다. "서로 사랑"과 "이웃 사랑". 그리고 다시 "하나님을 사랑"해야 한다.

36. 선생님 율법 중에서 어느 계명이 크니이까
37. 예수께서 이르시되 네 마음을 다하고 목숨을 다하고 뜻을 다하여 주 너의 하나님을 사랑하라 하셨으니
38. 이것이 크고 첫째 되는 계명이요(마 22:36-38)

예수님께서 모든 율법을 최종 정리하셨다. 그 첫째가 "하나님을 사랑하라"라는 명령이다. 무슨 말인가? 예수 그리스도를 통해 하나님 사랑을 받고, 서로 사랑과 이웃 사랑을 살아낸 자들이 반드시 해야 할 것이다. 그것은 '하나님 사랑하기'이다. 그렇다면 '하나님 사랑하기'는 무엇인가? 여러 가지가 있지만, '하나님 사랑하기'를 잘 표현한 상징은 바로 예배다. 하나님은 하나님의 사랑을 받아 서로 사랑하고 이웃을 사랑하는 자들이 드리는 예배를 기뻐 받으신다. 그리고

그런 예배자를 찾으신다.(요 4:23) 이런 사람들이 드리는 예배가 바로 영과 진리로 드리는 예배이다.(요 4:24) 서로 사랑과 이웃 사랑을 위해 정성을 다한 예배자의 마음은 어떨까? 시편은 그들의 마음을 이렇게 표현한다.

> 감사함으로 그의 문에 들어가며 찬송함으로 그의 궁정에 들어가서 그에게 감사하며 그의 이름을 송축할지어다(시 100:4)

감사와 찬송은 사랑을 나누고 예배드리는 자들이 보여주는 모습이다. 사랑으로 충만한 삶을 살며 예배드리는 자들의 마음엔 오직 감사와 찬송뿐이다.

생각해 보자. 서로 사랑하고 이웃 사랑을 잘하는 그리스도인이 빠질 위험이 무엇인가? 자기 의를 드러내는 교만에 빠질 위험이다. 그래서 마태복음에서 예수님께서는 이렇게 경계하셨다.

> 사람에게 보이려고 그들 앞에서 너희 의를 행치 않도록 주의하라 그렇지 아니하면 하늘에 계신 너희 아버지께 상을 얻지 못하느니라(마 6:1)

진심으로 예배드리는 동안 우리는 자기 의와 교만이라는 유혹에서 벗어날 수 있다. 예배는 하나님 앞에 나와 겸손히 나를 숙이고, 이 모든 사랑의 시작이 하나님이심을 인정하고, 그분만을 높이는 거룩한 행위이기 때문이다. 그러므로 사랑 이야기 원리는 다음과 같다.

"하나님의 사랑을 받고-서로 사랑하고-이웃과 사랑을 나누자-그리고 하나님을 사랑하자!"
"하나님의 사랑은 본질, 서로 사랑은 증폭, 이웃 사랑은 흘러넘침, 그리고 하나님을 사랑하는 것은 예배!!"

하나님의 사랑을 받는 것은 예수 그리스도가 선포한 복음을 믿는 것이고, 서로 사랑하는 것은 가족 그리고 영적 가족과의 관계를 회복하는 것이며, 이웃 사랑은 자발적으로 기꺼이 나누는 것이다. 이런 사랑을 하는 자는 하나님께 돌아와 감사와 찬양으로 예배드려야 한다. 이런 사랑의 선(善)순환, 은혜의 선(善)순환이 그리스도인들을 '사랑의 존재'로 성숙시킬 것이다. 나는 확신한다. 이 순환이 잘될 때, 한국 교회가 다시 세상의 소망이 되리라는 것을.

3

:

사랑,

이야기를 쓰다

3.1 / 사랑 이야기 내가 쓰기

❖ 목사의 역할

그렇다면 사랑 이야기 원리 안에서 목사가 맡은 역할은 무엇일까? 하나님 사랑, 서로 사랑, 이웃 사랑이라는 사랑 이야기를 써나가야 할 사람은 모든 그리스도인이다. 그런데 사랑 이야기를 실제로 써가는 사람은 사랑으로 충만한 그리스도인이다. 여기서 목사가 맡은 본질적 사명을 발견할 수 있다.

> 또 어떤 사람은 목사와 교사[헬라어로 관사가 하나]로 삼으셨습니다. 그것은 성도들을 준비시켜서 … (새번역, 엡 4:11-12)

목사는 교인 수 늘리고, 교회 예산을 늘리는 CEO가 아니다. 목사는 단지 교인들을 돌보는 돌보미도, 교회 건물을 확장하는 건물주도 아니다. 목사가 지닌 본질적인 역할은 교인들을 사랑 이야기를 쓸 수 있는 존재로 세우는 것이다. 사랑하는 존재가 되면, 그는 자발적으로 기꺼이 교회와 세상을 섬기는 그리스도인으로 산다.

위에 인용한 에베소서 4장 11-12절을 보면 목사가 맡은 역할이 잘 나타난다. 11절에 '목사와 교사' 앞에는 관사가 하나 붙어 있다. 이 관사는 '목사가 곧 교사'임을 뜻한다. 목사는 본질적으로 가르치는 역할을 맡았다. 12절에는 "성도들을 준비시켜서"라고 쓰여 있다. 즉 교사인 목사가 하는 역할은 사람을 훈련해 세우는 데에 있다. 그러면 목사는 어느 정도로 성도들을 준비시켜야 할까? 따라오는 13절에 답이 있다.

> 우리 모두가 하나님의 아들을 믿는 일과 아는 일에 하나가 되고, 온전한 사람[성숙한 사람]이 되어서, 그리스도의 충만하심의 경지에까지 다다르게 됩니다(새번역, 엡 4:13)

여기서 '온전한 사람'과 '그리스도의 충만하심의 경지에까지 이른 사람'은 같은 내용이지만 다른 표현이다. 이 내용은 목사들이 교인들을 훈련해야 할 방향이며 목표라고 할 수 있다. '온전한 사람이 되어서'(13절)라는 표현은 헬라어로 'εἰς ἄνδρα τέλειον'이다. 'εἰς'(에이스)는 방향을 나타내는 전치사이고, 'ἄνδρα'(안드라)는 사람이다. 문제는 'τέλειον'(텔레이온)인데, 'τέλειον'은 두 가지 뜻이 있다. 하나는 '완벽한' perfect이란 뜻이고, 다른 하나는 '성숙한' mature이란 뜻이다. 개역 개정은 이 둘을 합친 듯한 뉘앙스를 가진 '온전한'으로 번역했다. 반면에 쉬운 성경은 '성숙한'으로 번역했다. 개인적으로 '성숙한'이라는 표현이 마음에 더 와닿는다.

그러나 양자택일할 일은 아니다. '온전한'으로 번역하든 '성숙한'으로 번역하든 여기서 중요한 것은 이 단어가 하나의 초점을 가진다는 사실이다. 그것은 바로 존재 변화이다. 온전한 사람이나 성숙한 사람이 되기 위한 공통 전제는 변화이다. 그렇다면 온전한 사람, 성숙한 사람의 기준은 무엇인가? 예수님이다. 예수님처럼 온전하고, 성숙한 존재로 변화되어야 한다. 그래야 예수님처럼 하나님 사랑, 서로 사랑, 이웃 사랑의 이야기를 쓸 수 있다. 그러므로 목사가 맡은 역할은 성도들이 예수님을 닮아가도록 가르치고, 훈련하고,

돕는 것이다. 즉 목사는 성도들을 사랑하는 존재로 세우는 역할을 맡았다. 이것이 목사에게 주어진 본질적 사명이다.

🍀 목회 방법 1.
본받고, 본보이기

그렇다면 목사는 어떤 방법으로 성도들을 가르치고, 훈련하고, 세우고, 도와줄까? 바울서신을 읽다 보면 참 당황스러운 말씀이 나온다.

> 내가 그리스도를 본받는 사람인 것같이, 여러분은 나를 본받는 사람이 되십시오.(새번역, 고전 11:1)

바울 사도에 따르면 목사가 교인들을 가르치고, 훈련하고, 세우고, 도와주기 위해 사용해야 할 교육 방법은 '본받고, 본보이기'이다. 말로만이 아니라, 예수 그리스도를 본받고, 사랑하는 존재로 변화되어 본을 보임으로 교인들을 인도하는 것이다. 바울서신을 읽다 보면 곳곳에서 이런 말씀이 나온다. 바울은 교인들을 향해 자신을 본받으라고 권한다. 아무리 바울 사도라지만 대단하지 않은가? 당돌함이 느껴진다. 이런 맥락에 있는 말씀 중 하나가 데살로니가전서 1장 6절이다.

> 또 너희는 많은 환난 가운데서 성령의 기쁨으로 말씀을 받아 우리와 주를 본받은 자가 되었으니(살전 1:6)

바울 사도는 본보기 순서를 강조하고 있다. 즉 은혜의 연결고리, 은혜의 흐름을 강조하고 있다. 하나님은 모든 사람에게 은혜의 통로가 되신다. 그러나 은혜가 흐르는 또 다른 통로가 있는데 그것이 바로 사람이다. 사람을 통해서도 하나님의 은혜가 흐른다. 공동체 안에서 서로 본받는 모습으로 은혜를 경험할 수 있다. 중요한 것은 오늘날 담임목사가 바울과 같이 예수님 다음의 은혜의 정점에 서 있다는 것이다. 데살로니가전서 1장 7-8절은 그 점을 이렇게 강조한다.

> 그러므로 너희가 <u>마게도냐와 아가야에 있는 모든 믿는 자의 본이 되었느니라</u> / 주의 말씀이 너희에게로부터 마게도냐와 아가야에만 들릴 뿐 아니라 하나님을 향하는 <u>너희</u>

<u>믿음의 소문이 각처에 퍼졌으므로</u> 우리는 아무 말도 할 것이 없노라(살전 1:7-8)

    은혜가 예수님에게서 바울로, 바울에게서 데살로니가 교인들로, 데살로니가 교인들에게서 마게도니아와 아가야로, 마게도니아와 아가야에서 세상으로 퍼지고 있다. 예수님 - 바울 사도 - 데살로니가 교인들 - 마게도냐와 아가야의 믿는 자들 - 세상 사이를 잇는 연결고리를 볼 수 있다. 이 연결고리를 잇는 것은 무엇일까? '본받음'(미메타이, 체득)과 '본이 됨'(튀포스, 체현)이다. 즉 예수 그리스도는 하나님의 사랑을 본받음(체득)으로 세상에 오셨고, 세상에서 하나님 사랑의 본이 되었다(체현). 바울 사도는 예수 그리스도를 본받았고(체득), 그의 교회에서 본이 되었다(체현). 데살로니가 교인들은 바울을 본받았고(체득), 마게도니아와 아가야에 있는 믿는 자들에게 본이 되었다(체현).

    오늘날 교회도 이와 같아야 한다. 목회자는 예수님을 본받고(체득), 중직자들에게 본이 되어야 한다(체현). 중직자(장로, 권사, 안수집사)는 목회자를 본받고(체득), 직분자들에게 본이 되어야 한다(체현). 직분자는 중직자를 본받고(체득), 공동체 전체에게 본이 되어야 한다(체현). 교회 공동체는 직분자를 본받고(체득), 가정과 세상에서 본이 되어야 한다(체현). 성경을 보니, 하나님의 사랑이 본받음(체득)과 본이 됨(체현)을 통해 세상으로 흘러가고 있었다. 그런 의미로 오늘날 교회에서 이 연결고리의 시작점은 담임 목사다. 담임 목사가 먼저 예수님을 본받고(체득), 교인들에게 본이 되어야 한다(체현).

이런 원리를 생각할 때, 오늘날 교회는 어떤 모습인가? 예수를 본받는 데는 관심이 없고 오직 성장주의에만 빠져 있는 목회자에게 교인들이 무엇을 본받을 수 있을까? 번영 신학에 물든 목회자를 통해 교인들에게 무엇이 흘러갈까? 건강한 교회가 그들을 통해 세워질 수 있을까? 본받음(체득)과 본이 됨(체현)! 목회자가 회복해야 할 영성이다. 이것이 바로 사랑 이야기 목회 비전에 희망을 두는 이유다.

🍀 목회 방법 2.
말씀 공부와 살아내기

그렇다면 목사는 어떻게 본받고, 어떻게 본을 보일까? 에베소서 2장 20-22절에서 그 해답을 찾아보자.

> 여러분(교회)은 사도와 <u>예언자의 ①터 위에</u> 세워진 건물이요, <u>그리스도 예수 스스로가 그 ②모퉁잇돌</u>이십니다./그리스도 안에서 <u>③건물 전체가 서로 연결되어서</u>, 주님 안에서 성전으로 자랍니다./여러분도 그리스도와 연결되어서 함께 건물을 이루어 하나님께서 <u>성령으로 ④거하실 곳</u>이 되어갑니다.(표준새번역, 엡 2:20-22)

본문에서 유심히 볼 것은 네 가지다. 터 위, 모퉁잇돌, 건물 연결, 거하실 곳이다.

본문은 교회의 건강성을 건물이 세워지는 이미지로 설명하고 있다. 교회라는 건물이 어떻게 세워지는가?

<u>첫 번째, 터 위에 세워진다.</u> 건물이 세워질 때 최초 시공 단계는 토목공사다. 그런 의미에서 "터"는 토목공사를 하는

곳이다. 건물 기초를 다지는 이 토목공사를 누가 하는가? 사도와 예언자들이다(20절).

두 번째가 모퉁잇돌(사이드 스톤)이다. 모퉁잇돌은 그 건물의 기준이 되는 돌을 말한다. 모퉁잇돌이 제대로 놓여 있지 않으면 건물을 잘 지을 수 없다. 그래서 모퉁잇돌이 중요하다. 20절에는 "… 그리스도 예수 스스로가 그 모퉁잇돌이십니다."라고 나온다. 즉 모퉁잇돌이란 건물의 기준인데, 그 기준이 예수 그리스도시다.

세 번째로 건물 전체가 서로 연결되어서라는 표현을 주목해서 보자. 건물을 지을 때는 벽돌을 하나하나 연결하여 건물을 세운다. 벽돌을 어떻게 연결하느냐에 따라 건물 모양이 결정된다. 실제로 벽돌들은 시멘트로 연결된다. 그러나 교인이란 벽돌들은 예수 그리스도로 연결(21절)돼야 한다. 즉 예수 그리스도를 향한 믿음과 사랑, 특히 예수님이 가르쳐 주신 새 계명, 곧 "서로 사랑"으로 연결돼 아름다운 교회를 세워야 한다.

네 번째는 거하실 곳이다. 앞선 공정을 통해 건물이 세워지면 건물 안을 장식해야 한다. 우리는 실내를 어떤 가구로 장식할지 고민한다. 그렇다면 교인으로 연결된 교회는 그 안을 무엇으로 장식하면 좋을까? 바로 성령님이다(22절).

이렇게 교회를 세워 나간다. 우리가 여기서 다시 유심히 봐야 할 것이 있다.

> 여러분은(교회) <u>**사도와 예언자의**</u> 터 위에 세워진 건물이요 … (엡 2:20)

'터'를 작업하는 사람들은 사도와 예언자들이다. 사도와 예언자들이 하는 주된 사역은 하나님의 말씀을 선포하는 것이다. 이들은 하나님의 말씀을 대언하고, 그 말씀이 토대가 되어 교회가 세워진다.

지금 교회에서 말씀을 전하는 사람은 목사다. 목사는 하나님의 뜻과 마음, 생각을 말씀에서 찾아 전하는 메신저다. 그리고 말씀을 살아내는 본이 되어야 한다. 목사는 자기 야망으로 말씀을 해석해서는 안 된다. 오로지 하나님 말씀만을 전해야 한다. 하나님의 마음과 뜻, 생각을 알기 위해 말씀 공부에 전념해야 한다. 말씀 공부를 통해 하나님의 뜻과 마음, 생각을 찾아내야 한다. 그리고 그 말씀을 전하고, 살아내야 한다. 끊임없는 공부와 살아냄으로 말씀의 능력과 성숙한 인격을 키워야 한다.

나에게 첫 담임 목회와 현재 목회의 근본적 차이를 말하라고 하면, 이것을 말하고 싶다. 첫 단독목회 시절, 나의 관심사는 '어떻게 하면 교인들을 감동하게 해 교회 성장에 동력을 불어 넣을까'에 있었다. 그러나 지금은 그것에 초점이 있지 않다. '어떻게 하면 '내가' 말씀을 잘 증거하고, 말씀을 잘 살아낼까'에 초점이 있다.

그러므로 지금 내 삶의 우선순위는 분명하다. 단독자로서 말씀을 읽고, 공부하고, 증거하고, 살아내는 것, 그래서 나부터 예수를 닮은 사랑하는 존재로 변화되는 것. 내가 이것에 진실하고 진지하게 최선을 다할 때, 그때 나는 교인들을 가르치는 사람이 된다.

나는 말씀을 참 좋아한다. 말씀을 통하여 날마다 풍성해지는 그런 내가 참 좋다. 그래서 행복하다. 말씀 안에서 그리고 말씀을 살아내는 과정 안에서 이 땅의 천국을 누리고 있다. 이런 나의 삶이 교인들에게 흘러갈 것이라 확신한다.

🌸 목회 방법 3.
반복 훈련과 계속 걷기

"좋은 자세를 만들어라" 지도자들이 탁월한 운동선수가 되기를 원하는 사람들에게 이구동성으로 하는 말이다. 아무리 재능이 뛰어나도 좋은 자세를 갖추지 못하면 원하는 결과를 만들 수 없다. 그러나 좋은 자세는 하루아침에 만들어지지 않는다. 반복 훈련이 필요하다. 이와 관련된 의미 있는 구절을 성경에서 찾을 수 있다.

> … 내가 하는 일은 오직 한 가지입니다. 뒤에 있는 것은 잊어버리고, 앞에 있는 것을 향하여 **몸을 내밀면서**, 그리스도 예수 안에서 … 목표점을 바라보고 달려가고 있습니다.(새번역, 빌 3:13-14)

'몸을 내밀면서'를 원어로 직역하면 '몸으로 훈련하면서', 즉 '체화하면서'라는 뜻이다. 목사는 사랑하는 존재가 되도록 자신을 반복적으로 훈련해야 하고, 또한 교인들을 그렇게 훈련해야 한다. 교회는 성도들이 사랑하는 존재가 되도록 반복 훈련을 하는 곳이다. 어떤 목사는 말한다. 사람은 본질적으로 변하지 않는다고, 더욱이 훈련으로 사람이 변하는 것이 아니라고, 성령을 받아야 한다고. 맞는 말이다. 그러나 늘 성령이 단번에, 극적으로 우리를 변화시키지는 않는다. 훈련을 통한 변화 역시 성령이 일하는 한 방식이다. 성경은 우리가 포기하지 않고 계속 훈련해야 한다고 말한다.

이 훈련과 관련하여 성경에서 찾을 수 있는 좋은 개념은 "걷다"이다. 히브리어로 "할라크 הָלַךְ", 헬라어로 "페리파테오 περιπατέω"가 여기에 해당한다. 성경은 우리에게 하나님의 사람이 되기 위해 끊임없이 길을 걸으라고 요청한다.

이 단어는 구약성경 곳곳에 많이 나온다. 우선 에녹과 노아의 이야기를 보자.

··· Enoch(에녹) **walked**(할라크) with God 300 years and had other sons and daughters.(창 5:22)

··· Noah(노아) ··· **walked**(할라크) with God.(창 6:9)

모두 히브리어로 "할라크"다. 창세기에서 노아와 에녹을 하나님께서 기뻐하신 이유는 그들이 모두 "하나님을 따라 (길을) 걸었던" 사람이기 때문이다.

> 당신들은 주 당신들의 하나님이 명하신 그 모든 <u>길만을 따라가야</u> 합니다(할라크). 그러면 당신들이 차지할 땅에서 풍성한 복을 얻고, 오래오래 잘 살 것입니다.(새번역, 신 5:33)

밑줄 친 곳에 사용된 히브리어 단어도 "할라크"다. 이스라엘에게 "하나님의 길을 걸을 것"을 촉구하는 본문이다.

신약을 보자.

> 그러므로 우리는 세례를 통하여 그의 죽으심과 연합함으로써 그와 함께 묻혔던 것입니다. 그것은, 그리스도께서 아버지의 영광으로 말미암아 죽은 사람들 가운데서 살아나신 것과 같이, 우리도 또한 새 생명 안에서 <u>살아가기</u> 위함입니다.(새번역, 롬 6:4)

> 그것은, 육신을 따라 <u>살지</u> 않고 성령을 따라 <u>사는</u> 우리가, 율법이 요구하는 바를 이루게 하시려는 것입니다.(새번역, 롬 8:4)

밑줄 친 곳은 모두 "살다"로 번역되어 있지만, 사용된 헬라어 단어는 모두 "페리파테오"이다. 직역하면 "걷다"이다. 구약에 "할라크"가 수없이 많이 사용된 것처럼, 신약에서도 "페리파테오"는 많이 사용되었다. 하나만 더 예를 들자.

"이는 우리가 믿음으로 행하고, 보는 것으로 행하지 아니함이로라"(새번역, 고후 5:7)

마찬가지로 "행하다"도 헬라어로 페리파테오이다. 직역하면 "길을 걷다"이다.

"길을 걷다"가 뜻하는 것이 무엇인가? 목표점에 도달하지는 않았지만 끊임없이 노력하는 훈련의 모습 아닌가. 구약이 하나님께서 주신 계명을 따라 걸으라고 강조하고, 신약이 예수님께서 주신 길을 걸으라고 강조할 때, 그 걸음에는 훈련의 의미가 있다. 지금 어느 지점에 도달했는지, 어느 정도 성취했는지는 중요하지 않다. 믿는 자에게 중요한 것은 지금도 걷고 있냐는 것이다.

그렇다면 무엇을 향해 걷는가? 목회 성공? 일의 성취? 아니다. 우리가 걷는 최종 목표는 예수님을 닮아 사랑하는 존재가 되는 것이다. 우리는 그런 존재가 되기 위해 걷는다.

이것이 목사인 나와 모든 주의 자녀들이 계속 걷는 이유이다. 주님을 본받기 위해 끊임없이 노력하는 것 자체가 중요하고, 그것을 살아내려고 계속 도전하는 것이 중요하다. 우리가 주님을 닮아봐야 얼마나 닮겠는가? 그렇지만 주님의 길을 걷고 있지 못함을 알아차리고 다시 돌아서서 걷는 것이 바로 믿음이다. 끊임없이 주님의 길을 걸을 때 하나님 기뻐하신다.

에녹과 노아는 항상 좋았을까? 인생은 업&다운이기에 굴곡이 있다. 그때마다 에녹과 노아는 다시 일어나, 다시 돌아와 주님의 길을 걸었을 것이다. 다윗은 항상 좋았나? 그렇지 않다. 밧세바를 빼앗고, 부하를 죽였다. 자녀들을 편애해서 서로 갈등하게 했다. 그러나 다시 회개하고 돌아와 주님의 길을 걸었다. 그래서 하나님은 그 모습을 보시고 다윗을 내 마음에 합한 자라고 칭찬하셨다.

예수님을 따라 길을 걷는 것은 중요하다. 예수님은 길을 닦은 분이다. 예수님께서 십자가를 지셔서 이 길을 내셨다. 우리는 그 길 위에 서서 걷기만 하면 된다. 잘못 갈 수 있고, 실수할 수도 있다. 그러나 잘못 가고 있음을 알아차리고 다시 예수님을 따라 걸으면 된다. 걷는 것이 우리의 몫이다. 영성훈련의 본질은 예수 닮는 반복 훈련이고, 계속 걷기다. 그래서 나는 오늘도 주의 길을 걷는다.

3.2 / 사랑 이야기 같이 쓰기

사랑 이야기는 목사와 성도 모두가 함께 쓰는 것이다. 목사가 먼저 사랑 이야기를 쓰고, 성도들도 쓸 수 있도록 도와주어야 한다. 그러나 내가 살아내는 것도 힘들지만 다른 사람을 살도록 돕는 것은 더 힘들다. 사람들이 가진 성격, 경험, 생각이 다르고, 사람마다 변화 속도도 다르기 때문이다. 생각보다 변화를 원치 않는 사람도 꽤 많다. 그래서 초창기 나는 이런 질문을 던지며 사랑 이야기를 목회 현장에 구현해 나갔다.

사랑 이야기를 쓰도록 강요하지 않고, 자발적으로 기꺼이 참여하도록 어떻게 할 수 있을까?
사랑하는 존재로 변화되는 일에 지치지 않도록 어떻게 지지하고, 응원해주고, 격려해 줄 수 있을까?
사랑하는 존재로 세우는 훈련 프로그램은 무엇이 있는가?

그 훈련 프로그램은 지속 가능한 것인가?

이런 질문들을 던지며 나는 되는대로 사랑 이야기를 목회 현장에 구현해 나갔다.

물론 내 구현이 정답은 아니다. 단지 내가 경험했고, 내가 할 수 있었던 훈련 프로그램을 선택한 것뿐이다. 이를 토대로 나는 사랑 이야기를 구현해 냈다. 초점은 사랑의 존재로 세움에 있다. 자신이 잘하는 프로그램이나 훈련 방법을 선택하면 된다. 중요한 것은 원리를 적용하는 것이고, 구현은 자기 몫이다.

감사하게도 하나님께서 지난 6년 동안 사랑 이야기를 쓰도록 도와주셨다. 아이디어가 떠오르게 하셨고, 무엇보다 좋은 동역자들을 보내 주셨다. 많은 목회자가 프로그램에 관심이 많다. 좋은 프로그램은 분명 목회에 도움이 된다. 그러나 반드시 그 프로그램이어야 하는 것은 아니다. 프로그램은 비전을 이뤄내는 도구일 뿐이고, 중요한 것은 비전이다. 그럼에도 동수원장로교회 교인들을 훈련하기 위해 사용한 프로그램을 소개하겠다.

🌳 하나님 사랑 받는 훈련

예배

하나님의 사랑을 강력하게 경험할 수 있는 통로는 예배다. 예배는 하나님의 영과 우리의 영이 만나는 곳이기 때문이다.(요 4:23-24) 그러나 사람은 다양하다. 어떤 사람은 엄숙함과 익숙함 때문에 전통예배를 좋아하고, 어떤 사람은 자유롭고 감성적이기 때문에 열린 예배를 좋아한다. 그래서 우리 교회는 모든 사람이 은혜받을 수 있도록 예배 형식을 주일 1, 2부는 전통예배로 3, 4부는 열린 예배로 드리고 있다.

하지만 열린 예배에도 성가대를 구성했다. 성가대는 늘 예배를 정성으로 준비한다. 그리고 찬양을 통해 많은 사람이 하나님의 사랑을 느낀다. 성가대로 인해 예배가 더 풍성해진다. 누구든지 존재 자체로 하나님의 사랑을 받을 자격이 있다. 그래서 예배마다 성가대를 세운다. 이는 교육공동체도 마찬가지다.

목사인 내가 예배 안에서 교인들을 격려하고, 위로하고,

축복하는 방법은 바로 설교다. 하나님의 마음을 전해서 다시 힘과 용기를 받도록 돕는 것, 이것이 예배를 통해 목사가 해야 할 역할이다. 그러므로 목사가 설교를 잘 준비하는 것은 목회에 있어 가장 중요한 부분이다. 그래서 첫 목회지에서와는 달리 설교방식을 바꿨다. 크게는 주제설교에서 성경적 설교로 바꿨다. 주제설교란 주제를 먼저 잡고 성경을 인용하는 설교이다. 내 생각, 내 목적이 우선시 될 수 있다. 그러나 말씀은 반드시 하나님의 뜻과 생각이 우선시 돼야 한다. 그래서 나는 성경적 설교를 하기로 마음먹었다. 성경적 설교란 성경 메시지로 설교의 모티프를 잡고, 성경 본문에서 하나님의 뜻과 마음을 찾아 전하는 설교이다. 성경 이외에 내 의도나 생각을 철저히 배제한다. 그리고 세 가지 대지(주제)가 아니라 한 가지 주제만을 이야기한다. 이것을 원포인트 설교라 한다. 내 설교 구성은 이렇다. 서론, 전환 질문(핵심질문), 질문에 대한 대답으로써 원포인트 메시지(성경 해석), 적용, 결단 찬양 순이다. 한국 교회가 건강함과 본질을 회복하려면 먼저 선포되는 말씀이 회복되어야 한다.

QT(적용 중심)

하나님의 사랑을 받기 위해 적용 중심 QT를 진행한다. 사랑 이야기 QT는 적용에 강조점이 있다. 말씀을 살아내야 하기 때문이다. 그래서 나는 교인들을 적용 중심 QT로 인도한다.

1. 기상 후 첫 시간을 침묵으로 기도한다.
2. 정해진 성경을 읽는다.
3. 감동된 말씀을 노트에 적는다.
4. 느낀 점을 그 밑에 적는다.
5. 적용 점을 찾는다.
   어떻게 적용 점을 구체적으로 실천할 건지 그 내용을 적어본다.
   방식은 언제? 어디서? 누구에게? 무엇을? 어떻게 할 것인가?
   적용 범위는 나, 가정, 교회, 직장이다.
6. 마지막 취침 전 감사일기(기도)로 하루를 마무리한다.

이렇게 매일 QT를 하면 행복으로 하루를 가득 채우며 지낼 수 있다. 또 매일 말씀을 읽으면 생각이 변화되고, 그 생각대로 행동하게 된다. 그 행동을 반복해 습관으로 만들면 그 습관은 인격이 된다. 이제 그 인격으로 좋은 관계를 맺어 만남이란 복을 누리게 된다.

 QT를 하면서 내가 받은 은혜는 이렇다.

 하루는 말씀을 읽고 적용 점을 아들에게 커피를 사주는 것으로 정했다. 다행히 아들이 시간을 내주었고, 함께 커피를 마셨다. 그리고 자연스럽게 아들과 이야기를 나눴다. 그날 나는 충격적인 이야기를 들었다. 아들이 영화를 보지 않는 이유를 알게 된 것이다. 아들은 어릴 적 나와 여동생과 함께 영화관에 간 적이 많았다. 그런데 그때마다 매번 나에게 혼났던 기억만 있다고 한다. 영화를 보러 갈 때마다 아빠한테 혼나니 나중엔 영화에 집중하지 못하고, 결국 영화가 재미없게 됐단다. 그때부터 영화를 좋아하지 않게 되었다는 것이다. 아들에게 영화 보기라는 좋은 취미를 잃게 해서 마음이 아팠다. 미안했다. 그래서 아들에게 사과하고 집에 와서 감사 일기장에 회개 기도를 썼다. 그리고 아들을 위한 기도 제목을 하나 더 추가했다. 영화 보기 취미를 찾게 해 달라고 … 아들도 내 사과를 듣고 내적 소용돌이 기간을 보낸

것 같았다. 상처 회복에는 오랜 시간이 필요했다.

그렇게 5년이 지났다. 어느 날 아들이 같이 영화를 보러 가자고 했다. 날아갈 듯이 기뻤다. 가슴이 벅차올랐다. 하나님께 감사드렸다. 만약 5년 전 말씀 적용으로 아들과 커피 마시는 과제가 없었다면 어떻게 되었을까? 아들이 가진 아픔을 전혀 몰랐을 것이다.

적용 점을 찾는 것은 이런 거다. 많은 사람이 적용 점을 찾기 힘들어한다. 그러나 한 번 해보길 권한다. 적용 중심 QT는 우리를 행복, 기쁨 그리고 보람이 매일 쌓이도록 할 것이다.

이렇게 하루하루를 말씀으로 살아내면 better and better, 조금씩 사랑하는 존재로 변화될것이다.

러브 스케치

러브 스케치는 새 가족을 대상으로 하는 영성훈련 프로그램이다. 새 가족이 섬김이들을 통해 하나님의 사랑을 경험할 수 있도록 돕는 8주간의 사랑 훈련이다. 섬김이들은 새 가족이 하나님의 사랑을 경험하고, 새로운 관계를 형성하며, 교회에 소속감을 느끼도록 돕는다. 그리고 새 가족들이 성숙한 신앙인으로 성장하도록 돕는다. 프로그램 몇 가지를 간략히 소개하자면, 오픈 테이블은 조별로 식탁 교제를 진행하며 서로 친밀감을 형성하도록 돕는다. 성령 터치의 날은 하나님의 손길을 집중적으로 경험할 수 있는 은혜의 시간이다. 특히 장로님들과 중직자들이 세족식에 참여해 새 가족과 관계를 형성하고 연결된다. 러브 콘서트 시간은 새 가족이 가진 재능을 발휘하여 함께 어우러지는 축제의 장이다. 여기서 새 가족들이 가진 재능을 발견하게 된다.

8주간 강의 및 프로그램은 다음과 같다.

1주, 예수님의 사랑 이야기
2주, 하나님의 사랑 이야기
3주, 구원으로 보이신 사랑
4주, 오픈 테이블
5주, 사랑의 존재
6주, 성령 터치의 날
7주, 사랑 이야기 비전
8주, 러브 콘서트

어메이징 터치 영성훈련

어메이징 터치 영성훈련은 직분자 영성훈련이다. 2박 3일 특별한 장소로 지원자들을 초대해 영성을 회복할 수 있도록 돕고, 섬기는 봉사자들은 섬김으로 영성을 회복한다. 프로그램은 여섯 번의 말씀 강의와 네 번의 예식, 두 번의 집중기도시간으로 진행된다.

말씀강의 주제는 다음과 같다.

1강, 복음 터치
2강, 사랑 터치
3강, 기도 터치
4강, 순종 터치
5강, 말씀 터치
6강, 정체성 터치

예식에는 세족 예식, 성찬 예식, 십자가 예식, 하나님 자녀 예식 등이 있다.
어메이징 터치는 국내 사역 1회와 해외 사역(아웃리치) 1회로 진행되고 있다.

30일 캠페인

30일 캠페인은 30일 동안 한 주제로 기획해 진행하는 전교인 말씀훈련 프로그램이다. 2013년 '도전', 2014년 '덕분에 감사', 2015년 '멋진 삶', 2016년 '말씀으로 승리하는 삶', 2018년 '웰빙'이란 주제로 진행했다. 시간은 새벽이나 저녁으로 선택하여 진행한다.

교인 전체가 한 주제로 한 달을 같이 묵상하며 지내기 때문에 교회가 하나 되는 좋은 계기가 된다. 물론 사랑하는 존재로 세우는 귀한 시간이기도 하다. 그밖에 전교인 영성훈련으로 중보기도 사역이 있다. 주일 2부 예배 중보기도팀, 주일 3부 예배 중보기도팀, 환우들을 위한 중보기도팀, 교회와 목회자 그리고 선교를 위한 중보기도팀, 중보기도실 릴레이기도팀 등이 있다.

🌳 서로 사랑하는 훈련

GPS(좋은부모학교)

서로 사랑을 위해 좋은부모학교 'GPS'를 만들었다. 자녀교육 문제는 대한민국 전체의 문제다. 좋은부모학교는 부모와 자녀가 질 좋은 관계를 형성하도록 돕는 사역이다. 우선 부모가 어떻게 성경적으로 자녀교육을 할 수 있는지 나누고, 부모와 자녀가 질적으로 깊이 연결될 수 있도록 연령별로 프로그램을 진행하고 있다.

먼저 **부모 마을**에서는 그리스도인 자녀교육 8주 과정을 나누고, 2박 3일 가족 캠프를 진행한다.

다음은 **아기 마을**인데 0-7세 아이를 자녀로 둔 부모를 위한 마을이다. 아기 마을은 무조건적인 공감과 돌봄을 통해 아기와 부모가 애착이 형성되도록 돕는다. 프로그램으로 엄마랑 아기랑, 킨더 선교원, 엄마가 만드는 놀잇감, 엄마 아빠와 함께하는 애착 놀이 등이 있다.

다음은 어린이를 둔 부모를 위한 **어린이 마을**이다. 놀이 참여를 통해 아이들을 격려해 주는 방법과 기다려 주는 마음 등을 훈련한다. 프로그램으로 숲에서 놀자, 손으로 만들며 놀자, 박물관에서 놀자, 요리하며 놀자 등이 있다.

다음은 청소년을 자녀로 둔 부모를 위한 **청소년 마을**이다. 청소년들이 자아 정체성을 확립할 수 있도록 돕고, 부모들이 하나님의 눈으로 자녀들을 볼 수 있게 훈련을 한다. 프로그램은 인도 비전캠프, 미디어로 세상 읽기, 제주 올레길 부모와 걷기 등이 있다.

다음은 **생태 마을**이다. 여기서는 건강한 몸, 건강한 마음, 건강한 경제관을 가질 수 있도록 돕는 훈련을 한다. 프로그램으로 프리마켓, 내 몸 지키기 운동, 면 생리대 만들기 등이 있다.

이 세상엔 완벽한 부모 없고, 완벽한 자녀도 없다. 그러나 GPS는 좋은 부모가 되도록 계속 자극하고 도전한다.

청소년 마을에서 있었던 이야기다. 어느 중직자 가정에 사춘기를 지나던 한 여고생이 있었다. 학교 가기가 싫고, 친구 관계가 어려워 힘들어하던 여학생이었다. 그 여학생을 GPS 디렉터와 팀이 돌보고, 부모를 응원하며 사춘기 위기를 넘겼다. 지금 그 여학생은 아동교육을 전공하며 좋은 교사를 꿈꾸고 있다.

아기 마을의 이야기다. 분리 불안증으로 극심한 육아 스트레스를 겪던 엄마가 있었다. 이것을 해결하기 위해 달래도 보고, 혼내도 보고, 다양한 방법을 취했지만, 아이와의 관계는 더욱 나빠졌다. 이때 그리스도인의 자녀교육 8주 과정을 듣고 아이를 기다려 주는 법, 대화법 등을 익히면서 엄마 스스로 변해갔다. 엄마가 편안해지고, 변하니 아이도 변했다. 이제는 아이를 다른 사람에게 맡겨도 될 만큼 분리 불안증이 해결되었다.

어린이 마을의 이야기다. 학교 부적응과 사회적 관계 형성이 어려운 아이 때문에 힘들고 지친 엄마가 있었다. GPS 팀이 그 아이의 문제는 해결해 줄 수는 없었지만, 엄마를 응원하고 지지해 줌으로 아이를 품을 수 있도록 도와주었다. 지금은 이 엄마가 GPS 프로그램을 진행하는 리더가 되어 열정을 내고 있다.

이런 사례가 마을별로 많은 가정에서 일어나고 있다. GPS가 부모와 자녀의 관계를 회복시키는 데 도움이 되어서 기쁘다.

부부학교

서로 사랑이 잘 안 되는 관계가 부부관계이다. 그래서 부부관계 회복과 성장을 돕기 위해 행복한 부부학교를 열었다. 4주 과정인 부부학교 프로그램도 감동이지만 더 감동되는 것은 수료생들이 부부목장으로 가서 더 성장하고 있다는 것이다. 그래서 목회적으로 부부학교 수료생들을 부부목장으로 가도록 설득한다. 부부학교를 통해 세워진 부부목장이 15개다.

부부목장의 장점 중 하나는 형제들을 리더로 세우는 것이다. 많은 목회자가 하는 고민이 형제들을 사역자로 세우는 것이다. 나도 초창기에 많이 애써봤지만 실패했다. 그런데 부부목장을 만들면서 형제들이 리더로 잘 세워졌다. 담임 목사보다 더 간절한 마음으로 자매들이 조력하기 때문이다. 부부학교 자체도 의미 있지만, 부부목장을 세우는데 부부학교는 아주 좋은 프로그램이다.

어머니학교

부부학교가 잘되자 교회에 홀로 출석하는 자매들도 훈련받게 해 달라는 요구가 있었다. 그 요구를 수렴해 세워진 사역이 바로 어머니학교다. 어머니학교는 지역 어머니학교 운동본부와 연결해 연 1회 진행하고 있다. 자매들의 영적 성숙에 큰 도움이 되고 있다.

목장(소그룹)

서로 사랑을 훈련하기에 가장 좋은 모임은 목장(소그룹)이다. 목장(소그룹)은 교인 관리나 부흥의 수단으로 존재하지 않는다. 목장(소그룹)은 서로 사랑을 훈련하는 곳으로 나눔이란 가치를 추구한다. 속상한 마음을 나누고, 적용 중심 말씀을 나누고, 힘들고 아픈 기도 제목을 나누고, 격려와 지지와 응원을 나누고, 삶을 나누는 곳이다.

또 목장은 **말씀을 적용하며** 살도록 격려하고, 지지하고, 이끌어주는 곳이다.

주중에 3-4명의 목원들이 나눔지를 가지고 선포된 주일 말씀을 나눈다. 목장 나눔지는 최소한 주일 말씀만큼은 살아내야 한다는 목회적 바람을 담고 있다. 그런데 일반적으로 교인들이 말씀을 잘 살아내지 못한다. 가장 큰 이유는 마음의 상처 때문이다. 마음의 상처에 발목 잡혀 신앙이 성장하지 못하는 경우가 많다. 속이 거북하고, 아프면 토해내야 하는 것과 마찬가지로 마음이 불편하고, 아프고, 속상하면 토해내야 한다. 그래야 속이 편해진다. 이런 작업을 어디서 할 수 있나? 바로 목장에서 가능하다. 그러기 위해 목장을 안전지대로 만들어야 한다.

그래서 두 가지가 중요하다. 하나는 어떤 이야기를 해도 들어주는 경청이고, 다른 하나는 비밀 보장이다. 이런 안전지대가 형성되면 목장모임 안에서 속상한 이야기는 자연스럽게 나온다. 이런 부분을 목자 교육 때 계속 강조하고 있고, 일 년에 한 번씩 예배 때마다 목장의 유익과 중요성을 설교하고 있다.

어느 자매 집사가 부부 갈등이 최고조에 달해 이혼을 결심하고 있었다. 이 힘든 마음을 시댁은 물론 친정에서까지 받아주지 않자 자매 집사는 외로움으로 신음하고 있었다. 이때 목장모임이 있었다. 목자는 두, 세 시간 동안이나 그 자매가 하는 이야기를 들어주었고, 그 자매는 목자에게 속상한 이야기를 다 토해냈다. 그렇게 그 자매는 목장에서 힘을 얻었고, 남편과 함께 가정상담을 받기로 했다. 지금은 이 자매의 가정이 많이 회복되었을 뿐 아니라 목자가 되어 목원들의 아픔을 들어 주고 있다.

교육공동체

교육공동체도 목장처럼 운영하고 있다. 어른 목자와 아이 목원들이 함께 서로 사랑을 나눌 곳이 필요했기 때문이다. 또 가르침이 아니라 본보임이 중요했다. 그래서 교회학교라고 하지 않고 "교육공동체"로 이름을 바꿨다. 또 가르치는 선생님이 아니라 함께 사랑하고 돌보는 의미에서 "교육 목자"로 이름을 바꿨다.

영유아공동체는 영영아부, 영아부, 유아부, 유치부로 구성되어 있다. 영영아부와 영아부는 돌봄 위주, 유아부와 유치부는 예배와 사랑 나눔으로 진행하고 있다.

어린이공동체는 초등학교에 다니는 어린이들이 모이는 공동체다. 유년부, 초등부, 소년소녀부로 구성되어 있다. 그리고 1-6학년 혼합연령으로 한 부서가 세워져 있다.

청소년공동체는 중등부와 고등부로 구성되어 있다.
우리 교회 교육공동체가 지닌 특징은 다음과 같다.

교육공동체의 방향은 아이들을 예수님을 닮아 사랑하는 존재로 세우는 것이다.

그래서 아이들이 하나님 사랑, 서로 사랑, 이웃 사랑을 배우고, 느끼고, 체험할 수 있도록 안내한다. 각 부서는 60~80명이 넘는 아이들을 위해 직접 요리하고 있다. 교육 목자들이 고구마, 옥수수, 떡볶이, 카레, 샌드위치 등을 다양하게 요리해서 아이들을 먹이거나, 또는 아이들이 직접 요리해서 먹을 수 있도록 돕고 있다. 아이들의 건강과 정서를 위해 부서실을 모두 천연페인트로 칠했고, 공동체 방마다 공기청정기를 설치했다. 3개의 공동체에 담당 장로님이 한 분씩 있어 교육 목자들을 돌보고, 기도해 주면서 서로 사랑을 깊이 나누도록 하고 있다.

교육공동체 예배 전에 말씀과 기도로 '은혜 나눔'을 한다. '은혜 나눔'을 통해 교육 목자들은 자신의 영성을 풍성하게 유지한다. 풍성한 영성으로 교육 목자들 간에 서로 사랑이 먼저 이루어진다. 각 부서에서 예배 중 봉헌된 헌금은 부서에서 활용한다.

전도사님들은 토요일 오전 10시-12시까지 주일 설교 아이디어를 함께 나누고, 흩어져 부서에 맞게 준비한다. 1년 차엔 절기 중심 설교를 함께 준비하고, 2-3년 차엔 인물 중심 설교를 준비해서 아이들과 반복적으로 나눈다. 중고등부에서는 공동으로 준비한 설교와 더불어 지난주 담임목사 설교를 아이들 수준에 맞게 설교한다. 그래서 청소년공동체는 목장 나눔지로 목장모임을 한다.

여름과 겨울 행사로 영유아공동체와 어린이공동체는 사랑 이야기 캠프를 열고 있으며, 캠프 서포터를 부모 중심으로 모집해 캠프를 더 풍성하게 세운다.

또한 중고등부는 장년과 같이 여름엔 사랑 이야기 국내와 겨울엔 사랑 이야기 열방을 자체적으로 준비해서 진행한다.

아이들은 존중받고 사랑받으면 모인다. 하지만 이 세상에 아이들이 온전히 존중받고 사랑받는 곳은 없다. 학원, 학교, 친구 심지어 가정에서조차도 아이들은 존중과 사랑을 받지 못한다. 이 아이들을 세상으로부터 지켜야 한다. 사랑으로 …

🌿 이웃과 사랑을 나누는 훈련

이웃 사랑의 대상은 약한 사람, 모르는 사람이다. 이웃 사랑을 의무적으로 하면 금방 지치고, 한 번 이상 못한다. 그래서 이웃 사랑은 "자발적으로 기꺼이" 하는 것이다. 그리고 내가 "받은 사랑만큼"은 사랑해야 한다. 우리 교회는 이 원칙을 지키고 있다.

예를 들어 우리 교회는 매년 사랑 이야기 국내를 쓰고 있다. 지금까지 괴산, 부여, 보령에 있는 교회를 2년씩 섬겼다. 교인들의 후원과 회비 납부로, 즉 자비량으로 준비했다. 6년이 지났다. 놀랍게도 매년 참여 인원이 증가하고 있다. 150명으로 시작해서 작년(2018년)엔 701명이 참여했다. 참가자가 늘어날수록 그만큼 사랑하는 존재가 세워지기 때문에 감사하고 기쁜 일이다. 특히 섬기는 지역교회가 무엇을 필요로 하는지 교회당 답사를 20번 정도 하고 있다. 단지 우리의 할 일만 하고 돌아오지 않는다. 그 교회의 이야기를 들어주니 농촌 교인들이 우리 교인들을 좋아한다.

이웃 사랑을 훈련하기 가장 좋은 것은 전도와 선교다. 수

원지역 전도를 위해 '사랑 이야기 동수원'을 세웠다. 국내외 선교를 위해 '사랑 이야기 국내'와 '사랑 이야기 열방'을 세웠다.

전도와 선교를 사랑 이야기로 바꾼 이유는 이웃 사랑 훈련에 초점을 맞췄기 때문이다. 전도와 선교 자체도 중요하다. 그러나 사랑 이야기는 교인들을 사랑하는 존재로 성장 훈련 시키는 것이 목적이며 비전이다. 전도와 선교도 사랑하는 훈련이다. 그렇게 사랑하는 존재로 성숙해지면 전도와 선교에 자발적으로 기꺼이 참여하게 된다. 그러면 열매는 자연스럽게 맺혀진다. 사랑 이야기의 대원칙이 있다. 그것은 "자발적으로 기꺼이", "받은 사랑만큼"이다.

4
:

견해 차이

그리고 감사 축복

교회마다 비전을 구현하면서 생기는 견해 차이가 있다. 비전을 이루는 수단과 방법이 다르기 때문이다. 그러나 그 견해 차이를 편 나누기로 판단하는 순간 문제는 발생한다. 그 문제로 인해 관계가 깨진다. 견해 차이에 감정이 실리면 문제를 풀기 어렵다. 갈등이 생기고, 결국 대립으로까지 이어진다. 사랑 이야기는 이런 견해 차이를 서로 사랑하는 마음으로 해결해 가는 것이다. "목사가 먼저 내려놓아야 한다." "중직자가 먼저 순종해야 한다." 이런 주장으론 해결되지 않는다. 내가 먼저 사랑 이야기를 써야 한다.

살다 보면, 견해 차이는 수시로 생긴다. 이 단락에서는 견해 차이가 생겼을 때, 그것을 어떻게 풀어나갔는지 나누고자 한다. 건강한 교회를 이룰 때 도움이 되기를 바란다.

🌳 견해 차이 1.

프로그램에 대한 견해 차이는 있기 마련이다. 목사는 새로운 프로그램을 만들려 하고, 중직자들은 기존 프로그램이 주는 익숙함을 버리지 않으려고 한다. 여기서 오는 견해 차이가 크다.

프로그램에 대한 견해 차이를 처음 들었을 땐 나도 꽤 힘들었다. 나에겐 친밀한 관계 맺음이 중요한데, 프로그램에 대한 반대가 나에 대한 거절로 느껴졌기 때문이다. 그러나 어느 순간 목회의 목적이 프로그램을 만들고 진행하는 것이 아님을 깨달았다. 프로그램은 사랑하는 존재로 세우기 위한 수단과 방법일 뿐이다. 수단과 방법은 수없이 많고, 정답도 없다. 왜냐하면 장단점이 다 있기 때문이다.

점차 '목적을 이룰 수 있다면 내가 제안한 프로그램이 아니라도 좋다'는 생각을 가지게 되었다. 이렇게 생각하니 프로그램에 대한 판단과 평가를 들어도 마음이 편했다. 그리고 더 중요한 것은 프로그램에 대한 반대가 나에 대한 거절이 아님을 깨닫게 된 것이다. 그 결과, 프로그램에 대한 반대가 친밀한 관계에 방해되지 않았다. 지금은 웃으면서 만나 교제할 수 있게 되었다.

예를 들어 몇몇 성도님들이 영성훈련에 대해 제기한 문제를 살펴보자. 내용은 이렇다.
- 과도한 비용에 비해 혜택 보는 사람이 적다.
- 들어가는 비용에 비해 참여 교인들의 변화가 적다.
- 영성훈련에 참여한 사람끼리 하는 친밀감 표현이 다른 사람들에게 소외감을 줄 수 있다.

이런 견해를 가진 사람들의 마음을 곰곰이 살펴보았다. 그 안에는 효율성과 공평성 그리고 오히려 더욱더 친밀감을 가지길 원하는 욕구가 있었다. 그래서 이런 견해를 충분히 이해하게 되었다. 이렇게 생각하고 나니 이들의 마음을 풀어주고 싶었다. 그리고 참고 기다리시는 성도님들의 성숙한 모습에 감사했다.

지금 나는 이들의 견해를 어떻게 반영할 것인지 고민하고 있다. 그리고 이들도 기다리고 있다. 더 나아가 서로 사랑을 이루기 위해 서로 애쓰고 있다.

교회에서 내가 가장 서로 사랑을 위해 애써야 할 만남은 장로님들이다. 목사와 장로는 서로 사랑의 본을 보여주어야 하는 관계다. 하지만 한국 교회에서 목사와 장로 사이에는 많은 갈등이 있다. 이 관계는 어렵고, 잘 무너지며 상처도 깊다. 일을 진행하다 보면 많은 견해 차이가 생기기 때문이다.

그렇다면 이런 빈번한 견해 차이를 어떻게 풀어야 할까?

먼저 나를 거절하는 것이 아니라는 마음이 선행되고, 견해 차이를 인정하고, 대화하겠다는 마음가짐이 중요하다. 그렇게 대화하다 보면 창의적인 방법을 찾을 수 있다. 지금 나는 장로들이 그 말을 하는 이유 그리고 그 주장 속에 어떤 마음이 있는지 보려고 애쓴다. 그분의 견해가 옳다, 그르다, 효율적이다, 비효율적이다는 중요하지 않다. 이분들의 마음을 알아주고, 이해하는 것이 더 중요하다.

이렇게 목사와 장로가 서로 사랑을 포기하지 않는다면, 목사와 장로가 대화를 멈추지 않는다면, 목사와 장로가 질적 연결을 포기하지 않는다면, 결국엔 아름다운 서로 사랑이 이뤄질 것이다. 이런 의지로 멈추지 않고 걷는 것이 중요하다. 실수하고, 실패해도 서로 사랑을 향해 다시 걷다 보면 마침내 서로 사랑이 이루어지는 순간이 오지 않을까? 이런 아름답고 멋진 사랑이 완성되길 꿈꿔본다.

그러기 위해 나는 성령 충만, 말씀 충만으로 속사람을 키울 것이다. 나 스스로 자기 공감, 자기 돌봄, 자기 보호를 충분히 해서 내적 힘을 기를 것이다. 성장과 성숙을 위해 계속 배울 것이다.

웰빙 30일 캠페인을 할 때였다. 내가 '자기 공감'이란 주제로 강의를 한 적이 있다. 그 강의에서 나는 이렇게 말했다. "그동안 저는 제 자신을 있는 모습 그대로 공감해 준 적이 없습니다. 목사라는 꼬리표만 보고 나를 있는 모습 그대로 인정해 주지 못했습니다." 이 말에 스스로 감동되어 강대상에서 펑펑 울었다. 그때 울음을 멈출 수 없었다. 교인들 앞에서 우는 목회자, 부끄럽기도 했다. 그러나 그렇게 자기 공감을 하고 나니 속이 후련했다. 그 후 나를 지지하고 응원해주는 사람을 만나면 운다. 나를 보호하고, 돌보기 위해서 혼자도 운다. 기도하다가도 그 위로에 감격해서 운다. 하지만 울고 나면 속이 후련하고, 오히려 힘이 생긴다. 견해 차이를 받아들일 수 있는 나의 내적 성숙이 절실하다. 그래서 나는 앞으로 울보 목사로 살려고 한다.

🍀 견해 차이 2.

많은 교회가 성도들의 사역 간의 경쟁과 비교로 인한 갈등이 생겨난다. 교인들은 자신이 참여한 사역이 가장 중요하다고 생각한다. 주방 사역을 하는 사람은 주방 사역이, 교육공동체 사역을 하는 사람은 교육공동체 사역이, 부부학교 사역을 하는 사람은 부부학교가 중요하다고 생각한다. 이 생각이 지나치면 비교와 경쟁이 된다. 특히 담임 목사가 내가 섬기는 사역엔 관심이 없다고 느껴지면 비난은 더욱 거세진다. 첫 담임 목회지에서 이런 일이 있었다. 당시 2부, 3부 찬양팀이 각각 구성되어 있었다. 그런데 이상하게 찬양 스타일, 악기 구성 등의 문제로 서로 갈등했다. 당시 나는 그 갈등을 이해할 수 없었다. 어느 편도 들어줄 수 없는 상황. 결국, 그 갈등은 리더들이 교회를 떠나는 극단적인 상황까지 이르게 됐다.

지금 교회에도 이런 일이 있었다. 부모교육을 담당하는 좋은부모학교(GSP)와 아이들 교육을 담당하는 교육공동체 간에 생긴 갈등이 있었다.
- 좋은부모학교 프로그램이 교육공동체 아이들을 대상

으로 하여 생긴 중복 교육.
- 좋은부모학교를 수료한 부모의 자녀만 프로그램에 참여하는 공평성 문제.
- 좋은부모학교에서 교육을 받은 아이들이 교육공동체에서 일으키는 많은 문제.
- 가장 큰 오해와 비난은 담임목사가 GPS(좋은부모학교)만 키우고 교육공동체는 관심이 없다는 말.

이런 이야기가 일파만파로 퍼져 좋은부모학교에서 사역하는 성도들과 교육공동체 교육 목자들에게 큰 상처가 되었던 적이 있었다. 그때 나도 심적으로 어려움을 느끼고 있었다.

우리 교회는 다음세대를 매우 중요하게 여긴다. 그런데 교육공동체엔 긍정적이면서 GPS(좋은부모학교)에는 부정적이었다. 서로 갈등하며 상처받는 모습에 마음 아팠다. 그리고 내가 교육공동체엔 관심이 없다는 말에 억울했다.

좋은부모학교와 교육공동체가 지향하는 가치는 같다. 아이들을 사랑하는 존재로 세워 생명을 살리는 것이다. 다만 수단과 방법이 다를 뿐이다. 좋은부모학교는 부모를 통해 그 일을 이루고, 교육공동체는 아이들을 통해 그 일을 이룬다. 둘 다 잘되면 가정과 교회가 살아 더 풍성한 축복을 누리게 된다. 성경적 가치는 존중받아야 한다. 어느 것이 더 중요하고, 어느 것이 덜 중요하지 않다. 그러나 성경적 가치를 구현하는 수단과 방법은 다를 수 있다. 수단과 방법을 가지고 옳고 그름을 판단하면 교회는 갈등하게 된다. 성경적 가치에 집중해야 한다. 성경적 가치에 집중하게 되면 많은 수단과 방법이 있다는 걸 알게 된다.

교육공동체는 아이들을 만나는 것만으로도 사실 벅차다. 신학대학원생인 교육전도사님들과 생업이 따로 있는 교육목자들이 부모들까지 품기엔 벅차다. 그 아이들의 부모들을 품고, 기도해주고, 부모의 정체성, 아이들 교육 전반에 대해 안내해 주는 곳이 좋은부모학교다. 서로 잘되면 도움이 되고 풍성해지지, 서로 갈등할 문제는 아니다.

그러나 현실은 어떤가? 가치에 집중하지 않고 수단과 방법을 자주 보게 된다. 그래서 협력보다 경쟁과 비교로 간다. 거기에 감정이 실리면 걷잡을 수 없다.

어떻게 이 문제를 풀까? 일단 감정이 상하기 때문에 어떤 논리로도 설득이 안 된다. 사람은 상한 감정을 정당화하기 위한 논리를 세운다. 감정이 논리보다 앞선다. 그러므로 논쟁은 문제를 해결할 수 없다.

먼저 나(목사)부터 견해가 다른 사람들의 마음을 헤아려야 한다. 이 사람들은 어떤 마음일까? 기도하던 중에 깨달음이 왔다. 좋은부모학교를 반대하는 분들의 마음이 이해되었다. 담임목사와 친밀해지고, 자신들의 수고를 인정받고 싶은 마음이 아닐까? 라는 생각이 들었다. 그래서 이들이 원하는 친밀한 관계, 인정받고자 하는 마음을 온 마음으로 느껴보았다. 오랜 시간 교회를 위해 드러내지 않고 섬겨온 교육 목자들의 마음이 헤아려졌다. '5년, 10년, 20년, 30년간 묵묵히 헌신해 온 섬김이 부정당한다고 느꼈나 보다. 그래서 속상했나 보다.' 이것이 느껴지니까, 나도 마음이 아팠다.

그래서 교육목자들이 오랜 시간 해온 봉사, 사랑, 기여, 의미를 공개적으로 교인들에게 알렸다.

그리고 오해하는 분을 만나 이야기를 들어주고, 축복해 주었다. 얼마 전 교인들이 힘을 합쳐 고등부 예배실을 만들어 주었다. 순조롭게 진행되어 감사했다. 그곳에서 예배드리는 아이들이 사랑스럽다. 지금은 교육공동체 교육목자들과 주일날 함께 탐방할 정도로 편한 관계가 되었다. 무엇보다 담임목사가 다음세대에 대해 많은 기도와 관심을 기울이고 있다는 걸 알아줘서 기뻤다. 묵묵히 섬기고 있는 우리 교육목자들에게 고맙다. 그리고 이런저런 오해와 상처를 잘 견뎌준 좋은부모학교 사역자들도 고맙다.

경쟁과 비교는 수단과 방법에 집중할 때 생긴다. 그러나 우리는 가치에 집중해야 한다. 그러면 서로 인정할 수 있다. 갈등의 시작은 상한 감정이고, 그것을 정당화하기 위한 논리를 끌어들인다. 그러므로 논쟁은 갈등을 해결하지 못한다. 공감해야 한다. 상한 감정은 누군가가 이해해 주고, 알아줄 때 조금씩 해소된다. 목사는 공감해야 한다. 이것이 사랑이야기를 본으로 살아가는 모습이다.

🌸 견해 차이 3.

　담임목사가 비전을 외쳐도 교인들은 별 반응이 없을 때가 있다. 그러면 목사는 힘이 빠진다.

　내가 사랑 이야기 비전을 처음 외쳤을 때, "무슨 사랑 이야기? 사랑은 너무 식상해. 진부해." 이런 반응이 있었다. 이런 견해 차이는 어떻게 해결해야 할까? 포기하지 않고 반복해서 외치는 방법밖엔 없다. 비전은 반복해서 나눠야 한다. 이것을 시애틀형제교회 권준 목사님에게서 배웠다.

　사랑은 말만 하는 사람에겐 식상하고 진부하다. 그러나 사랑하는 사람에게 사랑은 새롭고, 행복의 근원이 된다. 이런 확신을 갖고 비전을 하나씩 구현해 내야 한다. 물론 비전을 구현하는 것에는 실패 가능성이 있기에 목사의 작은 용기가 필요하다. 그렇게 용기 있게 계속 나누고 구현하면 교인들에게도 비전이 명료해진다. 나는 이 비전을 구현하기 위해 매년 도전한다. 그것이 쌓여 지금의 사랑 이야기가 완성되었다. 실행이 답이다.

　갈등 없는 교회, 위기 없는 교회는 없다. 분명 나에게도 여러 갈등이 생길 수 있다. 그러나 나는 사랑 이야기를 쓰는 목사다. 실수하고 넘어져도 다시 일어나 주님의 길을 걷는다. 멈추지 않고 예수를 향해 걷는 것이 중요하다. 하나님은 이 사실 하나를 보고 잘했다고 칭찬해 주실 것이다. 그걸 믿고 오늘도 비전을 어떻게 구현해 낼까 기도하고 도전하고 있다.

감사 축복

사랑 이야기를 쓴 지 7년째다. 하나님이 주신 축복이 많다.

6년의 짧은 사랑 이야기지만, 하나님께서 주신 축복을 나누고자 한다.

첫 번째 축복은 무엇보다 내가 성장, 성숙해 가는 것이다. 초창기에는 초조함과 불안으로 인해 분노가 많아 사람들에게 상처를 주었다. 초창기 사랑 이야기 비전은 흐리고, 부족했다. 그래서 실수도 있었다. 열심히 하려고 노력해서 그런지 몸과 마음이 힘들었다. 그러나 지금은 많이 달라졌다. 모든 면에서 성장하고 있다. 인격적으로, 영적으로, 지적으로 성장했고 말씀을 보는 눈이 분명해졌다. 앞으로도 성장과 성숙을 향해 묵묵히 걸을 것이다.

두 번째 축복은 교인들이 자발적으로 기꺼이 모든 사역에 적극적으로 참여하고 있다는 것이다. 예를 들면 사랑 이야기 국내의 경우, 2013년에 150여 명 참여했는데 지금은 701명이 넘는 교인들이 참여했고, 예산 전액을 모두 자비량으로 감당했다. 사랑 이야기 열방도 마찬가지다. 올해(2019년) 195명이 모두 자비량으로 참여했다. 사랑 이야기 동수원도 매년 2회 가난한 사람들의 집을 수리하고, 매달 독거노인에게 반찬을 나눈다. 전액 모두 후원금으로 진행하고 있다. 모두 자발적으로 기꺼이 참여하고 있다. 이렇게 사랑하는 존재로 변해가는 교인들을 볼 때 보람과 행복을 느낀다. 가정에서 부모들이 아이들을 공감해주고 인정해 주면서 관계를 화목하게 이루는 모습을 볼 때 가슴이 뭉클하고 행복하다.

또 장로님들의 헌신에 감동한다. 각 사역 현장에서 섬기는 리더십을 본보이시기 때문이다. 주방에서, 화장실에서,

각 사역팀에서 … 우리 교회는 시애틀형제교회와 함께 컨퍼런스를 격년으로 진행하고 있다. 이때도 장로님들이 홍보를 위해 우리 교단 각 노회에 참석하신다. 어느 분은 입구에서 문전박대를 당해 추운 바람을 맞고 홍보하다 독감에 걸린 적도 있다. 그렇지만 장로님들은 한국 교회가 함께 부흥해야 한다는 가치를 붙잡고 자발적으로 기꺼이 헌신하고 있다. 눈물이 날 정도로 감사하다.

이런 존재적 변화가 자연스럽게 교회 성장으로 열매 맺어져 감사하다.

세 번째 축복은 섬김의 문화가 정착되어 가는 것이다. 2,000인분이 넘는 공동식사를 업체에 맡기지 않고 교인들이 직접 준비해서 나누고 있다. 이것이 가능한 이유 중 하나가 바로 장로님들이 직접 주방에서 섬기기 때문이다. 장로님들은 주방뿐 아니라 주차, 화장실 청소 등 손길이 필요한 모든 곳에서 섬기고 있다. 그러다 보니 그 섬김이 흘러가고 있다. 우리 교회 모든 프로그램과 사역의 출발이 섬김으로 시작된다. 모든 것을 일로 여기지 않고, 기쁘게 감당하고 있는 것이 감사하다. 새 가족들이 이구동성으로 말한다. 교인들의 얼굴이 이렇게 밝고 환한 곳은 처음 보는 것 같다고.

네 번째 축복은 모든 사역이 존중과 배려로 더불어 성장하는 것이다. 예를 들면 당회의 모습이다. 우리 당회는 사역팀 중 아마 가장 많이 손뼉을 칠 것이다. 각자 맡은 사역에 대해 장로님들이 은혜 나눔을 하면 다른 장로님들이 격려의 손뼉을 쳐준다. 그래서 당회 때마다 네, 다섯 번의 박수 소리를 들을 수 있다. 그리고 우리 당회는 어떤 사안에도 투표하지 않는다. 편을 나누지 않겠다는 의지다. 늦더라도 함께 가는 것이 행복하다. 이런 우리 당회가 자랑스럽다. 나는 장로님들과 포옹하는 것이 좋다. 장로님들이 사랑스럽고 존경스럽다. 바람이 있다면, 우리 교회뿐 아니라 다른 교회의 당회에도 사랑 이야기가 많았으면 좋겠다.

첫 단독 목회지에서 4년 차가 되었을 때, 나는 번아웃 되었다. 동수원장로교회에서 지금 7년 차가 되었다. 하지만 여전히 교인들을 볼 때마다 사랑스럽다. 그리고 힘이 난다. 감사하고, 행복하다.

사랑 이야기는 이제 시작이다. 그래서 꿈을 꾼다.
많은 한국 교회가 사랑 이야기를 써나가는 꿈을 꾼다.
한국 교회 모든 당회가 사랑으로 넘치는 꿈을 꾼다.

한국 교회가 말씀으로 영이 다시 살아나는 생명 부흥의 꿈을 꾼다.

큰 바다는 작은 방울의 물이 모여서 시내를 이루고, 여러 시내가 모여 강을 이루고, 여러 강이 모여 큰 바다를 이룬다. 함께 사랑 이야기라는 큰 바다를 이루고 싶다.

어느 교회 현수막에 이런 문구가 새겨져 있었다.

"교회가 작은 것에 마음 아파하지 마십시오.
작으면 작은 빛을 비추면 됩니다.
아무 빛도 비추지 못하는 것에 마음 아파하십시오."

2부.

성경에 쓰여 있는 사랑 이야기

1

"이것을 행하라!"

– 예수님의 유언

"이것은 너희를 위하는 내 몸이다. 이것을 행하여 나를 기억하여라." "이 잔은 내 피로 세운 새 언약이다. 너희가 마실 때마다 이것을 행하여, 나를 기억하여라."(고전 11:24-25)

유언은 삶의 요약이다. 유언에는 유언하는 사람의 생애가 녹아 있다. 자녀들에게 무슨 유언을 남길지 생각해 본 적이 있는가? 결정하기 쉽지 않을 것이다. 내가 인생을 살면서 소중하게 생각한 가치관, 자녀가 인생을 살면서 소중하게 생각하기를 원하는 가치관을 몇 줄 문장 속에 담아 넣어야 하기 때문이다. 유언은 남기는 자의 인생이 고스란히 녹아 있는 숙고의 산물이다. 그렇기 때문에 유언은 소중하게 받들어진다. 스승이 제자들에게 주는 유언도 마찬가지이다. 몇 줄 유언에 스승의 생애와 가르침이 녹아 있다. 예수님께서도 짧은 생애를 마감하시면서 제자들에게 유언을 남기셨다. 죽음의 순간이 다가오는 것을 예감하시고, 마지막 식사 자리에서 제자들에게 당부하신 말씀이 예수님의 유언이다. 이 유언의 말씀을 모든 그리스도인이 마음에 새겨 기억하고 그 뜻을 받들어 준행하여야 할 것이라는 데는 이견이 없을 것이다. 그런데 문제가 있다. 그것은 예수님께서 마지막 식사 때 남기신 유언의 말씀이 제대로 이해되지 못하고 있다는 것이다. 바르게 이해되지 못하니, 바르게 실행되지도 못하고 있다. 유언을 남겼는데, 그 유언의 뜻이 왜곡되어 받들어지고 있다! 이보다 더 큰 문제가 있을까!

요한복음은 예수님의 유언을 제법 길게 담아내고 있다. 마지막 만찬 자리에서 제자들의 발을 씻기시며 주신 당부의 말씀(13:12-20)과 율법의 계명들을 대신하는 새 계명(13:31-35), 그리고 고별설교로 불리는 14-16장의 말씀이 그것이다. 요한복음의 유언 말씀에는 해석의 여지는 있지만, 오해의 여지는 별로 없다. 고린도전서와 누가복음에는 요한복음의 유언과는 다른 예수님의 유언이 있다. 이 유언은 너무 짧아 설명없이는 그것이 유언인지 아는 것조차 쉽지 않다. 아주 짧고 강렬한 그 유언의 말씀은 이것이다.

"이것을 행하라!"

이 짧은 한 문장이 예수님의 유언이라는 점을 이해하는 사람은 많지 않다. 거기다 이 유언에서 말씀하신 "이것"이 무엇인지를 제대로 이해하는 사람은 더 적다.

  이 유언을 가장 오래된 형태로 전승하고 있는 본문은 고린도전서 11장이다. 바울 사도는 주님으로부터 전해 받은 전승임을 밝히며(23절) 예수님께서 잡히시던 날 밤 제자들에게 주셨던 말씀을 고린도교회의 교인들에게 전해준다. 바울 사도가 고린도 교인들에게 전해준 주님의 말씀은, 큰 덩어리로 되어 있는 교훈의 말씀이 아니라, 잡히시던 날 밤에 열린 만찬에서 주신 짧은 한 줄의 말씀이었다. "이것을 행하라!" 하신 주님의 마지막 명령을 이해하기 위해, 고린도전서 11장의 해당 단락을 읽어보자.

> 내가 여러분에게 전해 준 것은 주님으로부터 전해 받은 것입니다. 곧 주 예수께서 잡히시던 밤에, 빵을 들어서 감사를 드리신 다음에, 떼시고 말씀하셨습니다. "이것은 너희를 위하는 내 몸이다. 이것을 행하여 나를 기억하여라." 식후에, 잔도 이와 같이 하시고서, 말씀하셨습니다. "이 잔은 내 피로 세운 새 언약이다. 너희가 마실 때마다 이것을 행하여, 나를 기억하여라." 그러므로 여러분이 이 빵을 먹고 이 잔을 마실 때마다, 주님의 죽으심을 그가 오실 때까지 선포하는 것입니다.(고전 11:23-26)

바울 사도가 고린도 교인들에게 전해준 것은 예수님의 "최후의 만찬" 모습이다. 고린도교회에 보내는 편지에 "최후의 만찬" 모습을 다시 적은 이유는, 고린도교회가 행하던 "주님의 만찬"에 문제가 있었기 때문이다. "주님의 만찬"이라고 부르며 모여 먹었지만, 그 안에 있었던 분열과 차별 때문에 세상의 만찬과 다를 바 없었다. 바울 사도는 "여러분이 분열되어 있으니, 여러분이 한 자리에 모여서 먹어도, 그것은 주님의 만찬을 먹는 것이 아닙니다."(고전 11:20)라고 고린도교회 교인들을 비판한 후, 예수님께서 베푸셨던 "최후의 만찬"을 "주님의 만찬"의 원형으로 다시 제시하였다. 예수님의 "최후의 만찬"이 초대교회의 "주님의 만찬"이 되었으니, 고린도교회의 "주님의 만찬"에 문제가 생겼을 때 그 원형을 다시 상기시켜주려 했다.

세월이 흘러, 이제 "주님의 만찬"은 오늘날 우리가 지키는 "성찬 예식"이 되었다. 문제는, 그 후부터 우리는 이 역사적 식탁에서 주님께서 주신 역사적 말씀을 예전liturgy의 시각으로만 이해하고 있다는 것이다. 이 구절이 성찬 예식의 초석이 되었다는 점을 부인하지는 않는다. 그러나 최후의 만찬 자리를 채웠던 예수님의 행동과 말씀이 후세 교회에서는 그 역사적 맥락을 상실한 채 고스란히 성찬 예식으로 귀결되는 것이 합당하지 않다는 점을 지적하는 것이다. 요한복음은 예수님께서 잡히시기 전에 괴로워하셨다고 두 번이나 말한다.(고전 12:27, 13:21) 공관복음도 겟세마네에서 죽음을 앞두고 고뇌하며 사투를 벌이고 계시는 예수님을 전한다.(막 14:32-42, 마 26:365-46, 눅 22:39-46) 히브리서는 이때 예수님께서 "큰 부르짖음과 많은 눈물로써 기도와 탄원을 올리셨다"(5:7)고 증언한다. 그때, 그 괴로워하셨던 마지막 순간에 말이다. 예수님께서 후대 교회가 집전할 예전의 모범을 마련해주시려고 이 말씀을 하셨을까? 과연 예수님께서 그렇게나 주도면밀하셨기에 우리가 지키는 성찬 예식이 탄생한 것인가? 그렇지 않다. 그렇게 이해해서는 안 된다. "이것을 행하라" 말씀하실 때 예수님께서 예전을 염두에 두고 계셨다고 이해하는 것은 이 말씀을 둘러싼 생생한 역사성을 완전히 무시하는 것이기 때문이다. 이 구절의 핵심은 절체절명의 마지막 순간에 고뇌에 찬 예수님께서 주시는 유언이고, 최후의 만찬은 그것의 배경일 뿐이다.

고린도전서 11장에 실려있는 이 말씀에 대한 병행 구절이 모든 공관복음서에 나온다. 그런데 각각의 복음서가 전하는 전승은 서로 다르다. 각 복음서가 조금씩 다른 전승을 전하게 된 까닭을 찾는 작업은 다음 기회로 미루자. 여기서는 고린도전서 11장과 누가복음 22장에 공통으로 등장하는 한마디 말씀에 주목하고자 한다. 그것은 "이것을 행하라" 하신 주님의 명령이다. 먼저 고린도전서를 보자. 빵에 대한 말씀과 포도주에 대한 말씀 모두에 이 명령이 나온다.

> "이것은 너희를 위하는 내 몸이다. 이것을 행하여 나를 기억하여라." "이 잔은 내 피로 세운 새 언약이다. 너희가 마실 때마다 이것을 행하여, 나를 기억하여라."(고전 11:24-25)

그리고 누가복음을 보자.

> "이것은 너희를 위하여 주는 내 몸이다. 이것을 행하여 나를 기억하여라." "이 잔은 너희를 위하여 흘리는 내 피로 세우는 새 언약이다. 그러나 보아라, 나를 넘겨줄 사람의 손이 나와 함께 상 위에 있다. 인자는 하나님께서 정하신 대로 가지만, 인자를 넘겨주는 그 사람에게는 화가 있다."
> (눅 22:19-22)

빵에 대한 말씀에 이 말씀이 나온다. "이것을 행하라"는 주님의 유언은 마가복음과 마태복음에는 나타나지 않는다.

이 말씀은 고린도전서에서 누가복음으로 이어지는 전승인 것이다. 고린도전서와 누가복음에 합하여 세 번 나오는데, 그 세 번의 말씀은 완전히 똑같다. 세 번 반복되는 이 한 문장을 떼어내 읽어보자. 먼저 한글로 보자.

> 이것을 행하여 나를 기억하라.

유심히 보라. 이 문장에서 예수님께서 명하신 것은 무엇인가? 그 명령이 유언이라면 예수님께서 제자들에게 주신 유언은 무엇처럼 들리나? "나를 기억하라"(개정개역에서는 "나를 기념하라")가 예수님의 명령처럼 들리지 않는가? 그래서 많은 교회가 성찬용 강대상에 이렇게 새겨 두었다. "나를 기념하라!"

안타깝게도 이 한글 번역은 원문을 제대로 살리지 못하였다. 고린도전서와 누가복음의 원문은 토씨 하나 다르지 않고 똑같이 이렇게 말한다.

> τοῦτο ποιεῖτε εἰς τὴν ἐμὴν ἀνάμνησιν.
>
> (고전 11:23, 눅 22:19)

낯선 헬라어지만, 신약성경이 쓰인 언어이다. 원문을 이해할 수 있게 되도록 쉽게 설명해 보겠다. 이 한 문장은 두 부분으로 나눌 수 있는데, 완전한 한 문장을 이루는 명령법 문장과 거기 덧붙여진 전치사 구로 구성된다. 하나씩 살펴보자.

τοῦτο ποιεῖτε (투토 포이에이테)
앞에 나온 "투토"는 지시 대명사로 "이것"이라는 뜻이다. 영어의 this에 해당한다. 그리고 뒷 단어 "포이에이테"는 영어 do에 해당하는 동사의 명령법이다. 이 두 단어는 합하여 완전한 명령법 문장을 구성한다. "이것을 행하라!" 영어로는 Do this! 유언은 명령법 형태를 취한다. 그러므로 이 문장에서 예수님의 유언은 명령법으로 이루어진 바로 이 문장에 담겨 있다. "이것을 행하라!"는 것이 주님의 유언이다.

εἰς τὴν ἐμὴν ἀνάμνησιν (에이스 텐 에멘 아남네신)
완전한 명령법 문장에 덧붙은 것은 "에이스" 전치사로 시작하는 전치사 구이다. 전치사 "에이스"는 영어의 to 혹은 into에 해당한다. 앞으로 나아가는 방향을 표시하는 것이

기본 의미이다. 그런데 이 전치사가 때로 목적을 표현하여 "~하기 위하여"라는 뜻으로 사용된다. 여기서 그렇게 사용되었다. 이 전치사 뒤를 따르는 "텐 에멘 아남네신"은 직역하면 "나의 기억"이다. 따라서 이 전치사 구를 번역하면 "나를 기억하기 위하여"가 된다.

이 설명을 마치면서 앞에서 던진 질문을 다시 던진다. 예수님께서 명하신 것은 무엇인가? 원문에 따르면 예수님의 명령은 "나를 기억하라"가 아니라 "이것을 행하라!"이다. 2인칭 복수 명령법인 점을 살려 번역하면 "너희는 이것을 행하라!"이다. 예수님께서 방금 하신 일을 우리도 행하라는 말씀으로 이해하면, "너희도 이것을 행하라!"가 된다. 한글 번역과 달리 "나를 기억하라"는 부분은 원문에서는 명령이 아니다. 그 명령을 행해야 하는 이유, 그 명령을 행했을 때 얻게 되는 유익을 말하기 위해 덧붙여진 부분이다. 덧붙여졌다고 설명하는 이유는, 이 부분 없이도 "이것을 행하라"는 문장은 완전한 명령법 문장을 이루고 있기 때문이다. 한글 번역만으로 성경을 읽으면 이 점을 알아차리는 것은 불가능하다.

예수님의 명령을 "나를 기억하라"로 이해하는 것과 "이것을 행하라"로 이해하는 것 사이에는 큰 차이가 있다. 먼저 이 점을 분명하게 이해하는 것이 중요하다. 그다음, 남은 질문을 던져보자. 예수님께서 남기신 마지막 말씀이 "이것을 행하라!"였다면, 여기서 "이것"은 무엇인가? 무엇을 행하라 하신 것인가? 근래 교세를 확장하고 있는 어느 이단 교파는, 예수님께서 말씀하신 "이것"이 "유월절 식사"라고 주장한다. 그들은 예수님께서 명하신 것이 유월절 식사라 해석하면서, 유월절을 지키지 않는 기존 교회에는 구원이 없다고 주장한다. 우리는 그 이단의 도전에 응전하기 위해서라도 "이것"이 무엇인지 바로 알아야 한다.

안타깝게도 그동안 우리가 전통적으로 제시해 온 "이것"은 성찬 예식이었다. 나는 역사적 맥락을 고려할 때 "이것"이 성찬 예식이 될 수 없다는 점을 앞에서 설명하였다. 예전적 사고를 잠시 내려놓고 예수님이 사셨던 역사적 정황 속에서 "이것"의 의미를 찾아보자. "이것"은 지시대명사이고, 일반적으로 지시대명사가 가리키는 것은 멀리 있지 않다. 바로 앞을 주목해야 한다. 바로 앞에 무엇이 있는가? 예수님의 동작들 즉, 빵을 들고 감사기도 드리고 떼어 나누어주시는 것에 있는가? 예전학에서는 들고 축사하고 떼어 나누는 take bless break give 이 네 동작을 중시하고 여기에 특별한 의미를 부여하니 그렇게 보일 수도 있겠다. "이것"을 그 네 동작이라고 이해하는 것이 바로 "이것"을 성찬 예식이라고 이해하는 견해이다. 그런데 생각해보자. 그 네 동작이 특별한가? 그 네 동작은 예수님의 최후의 만찬 이후 그 만찬이 예전화되면서 예전적 의미를 획득하였기 때문에 우리에게는 특별하게 느껴질 수 있지만, 예수님께서 최후의 만찬을 나누시던 당시에는 전혀 특별할 것 없는 동작이었다. 유대인의 만찬에서 빵을 들어 감사기도 드리고 기도 후에 빵을 떼어 나누는 행위는 전혀 특별하지 않다. 예를 들어, 부활하신 예수님께서 엠마오로 가는 제자들과 나눈 저녁 식사 묘사를 기억해보자. 예수님께서 "빵을 들어 축복하시고(원어는 '감사의 기도를 드리고') 떼어서 그들에게 주셨다."(눅 24:30) 성찬 예식처럼 보이는 이 장면은 성찬 예식이 아니라 유대인의 식사 관습을 보여줄 뿐이다. 빵을 들고 감사의 기도를 드리고, 빵을 떼어 함께 나누어 먹는 이 행위는 예수님께서 유언을 통해 "행하라" 명령하지 않아도 이미 행하여졌고 앞으로 행하여질 것이 분명한, 전혀 특별할 것 없는 식사 관습일 뿐이다. 꼭 유대인이 아니라도 식사 앞에 이 정도의 종교적 행위를 행하는 것은 많은 문화가 공유하고 있는 일상의 한 부분일 뿐이다. 그런 일상의 식사 관습을 예수님께서 굳이 유언으로 명하실 필요는 없다.

본문을 다시 한번 잘 읽어 보자. 예수님께서 "이것을 행하라" 하신 말씀 바로 앞에 무엇이 왔는가? "빵을 들어 감사기도 드리고 떼어 나누어 준" 다음, 예수님께서 무엇을 행하셨는가?

"이것은 너희를 위하여 주는 내 몸이다."

빵을 떼어 제자들에게 나누어 주실 때, 이 말씀을 제자들에게 하셨다. 이 말씀은 유대인 식사 관습에는 없는, 예수님의 독특한 말씀이다. 저녁 만찬에서 나눠진 빵에 "너희를 위하여 주는 내 몸"이라는 의미를 얹으신 이 한마디의 말씀 때문에, 평범한 유대인 식사는 역사에 없는 전적으로 새로운 의미를 얻게 되었다. 지금 찢기고 나누어지는 것은 단순히 빵이 아니다. 이제 머지않아 십자가에서 찢길, 예수님 자신의 몸이다. 예수님께서는 저녁 식사를 위한 빵을 찢으며, "타자를 위하여 내 몸을 내어주는 행위"를 보여주셨다. 이것이 예수님의 삶의 요약이다. 이것이 예수님의 죽음의 이유이다. 예수님께서 잡히시던 날 밤, 그 마지막 순간에, 그의 삶과 죽음을 "찢어 나누어준 빵"으로 상징화하셨다.

그러고 나서 바로 이어서 예수님께서 명하신 말씀이, "너희도 이것을 행하라"이다. 행동과 말의 순서로부터 "이것"이 무엇인지 자연스레 드러난다. 머릿속으로 상상해 보자. 예수님께서 빵을 떼어 주시면서 나에게 말씀하신다. "이것은 너를 위하여 주는 내 몸이다." 이 한마디의 말씀으로 인해, 식사는 성례가 되고 빵은 사랑의 실체가 되어 가슴을 울린다. 아, 이 한 조각의 빵은 주님의 몸이고, 몸을 내어 주시는 주님의 사랑이구나! 예수님 손에 들린 그 한 조각 빵을 떨리는 마음으로 내가 받아 먹는다. 그 때, 주님께서 말씀하신다. "너도 이것을 행하여라." 머리 속에 그려본 이 상상은 "이것"이 무엇인지 분명하게 말해주지 않는가? "이것"은 무엇인가? "타자를 위하여 나 자신을 내어주는 사랑"을 의미한다. 이것이 예수님의 유언이다.

최후의 만찬에서 예수님께서 빵을 통하여 상징화하신 것, 구상적으로 보여주신 것은 "아가페"이다. 예수님께서 잡히시던 그날 밤, 제자들에게 남기신 유언은 아가페 사랑을 실천하라는 말씀이다. 고린도전서와 누가복음을 통해 전승되는 이 유언의 말씀은, 요한복음을 통해 전승되는 예수님 유언과 일맥상통한다.

A. 이것은 너희를 위하여 주는 내 몸이다.
B. 이것을 행하여 나를 기억하라.(눅 22:19)

A. 내가 너희를 사랑한 것 같이,
B. 너희도 서로 사랑하여라.(요 13:34)

(A)는 예수님께서 보여준 사랑의 모범이고, (B)는 그 모범을 우리도 따라 사랑하라는 명령이다. 이 구조에서 "너희도 서로 사랑하라"는 요한복음의 말씀은, "이것을 행하라"는 말씀에 대응한다. 고린도전서와 누가복음에서는 "이것을 행하면", 그 결과 우리가 "예수님을 기억하는 사람이 된다"고 말한다. "사랑을 행하는 사람 = 예수님을 기억하는 사람"이라는 도식이 성립된다. 반면 요한복음은 "서로 사랑하라 … 그것으로써 너희가 내 제자인 줄을 알게 될 것이다."(요 13:35)고 말한다. "사랑하는 사람 = 예수님의 제자"라는 도식이 성립된다. 고린도전서/누가복음이 말하는 "예수님을 기억하는 사람"과 요한복음이 말하는 "예수님의 제자"는 서로 다르지 않은 표현이다. "예수님을 기억한다"라는 말씀이 무엇인지 알면 이 점이 분명해진다. 갈라디아서 2장은 바울

과 예루살렘 교회 지도자들이 함께 연 예루살렘회의의 결과를 보고하고 있다. 합의의 내용은 다음과 같았다.

> 다만, 그들이 우리에게 바란 것은 가난한 사람을 기억해 달라고 한 것인데, 그것은 바로 내가 마음을 다하여 해 오던 일이었습니다.(갈 2:10)

"가난한 사람들을 기억하라"는 예루살렘회의의 결론은 무엇을 뜻하는가? 가난한 사람들을 "잠시 생각하라"는 말씀인가? 아니면 가난한 사람들을 돕기 위해 구체적으로 "행동하라"는 말씀인가? 후자이다. 그렇다면, 예수님께서 "나를 기억하기 위하여"라고 말씀하셨을 때, 그 기억은 무엇을 말하는가? 단지 마음에 잠시 예수님을 떠올리라는 말씀이 아니라 예수님을 따르라는 말이다. 이렇듯 예수님의 유언에서 "기억"의 의미는 분명하다. 그 정신의 실천이다. 그 정신을 실천하는 자가 누구인가? "예수님의 제자"이다. 고린도전서/누가복음이 말하는 "예수님을 기억하는 자"와 요한복음이 말하는 "예수님의 제자"는 같은 것의 다른 표현일 뿐이다. 마찬가지로 "이것을 행하라"는 예수님의 명령과 "사랑하라"는 예수님의 유언 역시 같은 것의 다른 표현일 뿐이다.

이러한 성경 해석과 맥락을 같이 하는 한 구절 말씀을 더 소개하고 싶다. 요한일서 3장 16-18절 말씀이다. 16절 말씀은 이렇게 시작한다.

"그리스도께서 우리를 위하여 자기 목숨을 버리셨습니다."

그리스도께서 우리를 위하여 자기 목숨을 버리셨다. 이것이 우리가 그리스도 예수의 십자가 사건을 이해하는 방식이다. 그리스도께서 우리를 위하여 죽으셨다. 문제는 그다음이다. 예수께서 자기 목숨을 버리셨기 때문에, 어떤 일이 일어났다고 증언할 것 같은가? 어떤 문장이 이 성구에 이어질 것으로 기대하느냐는 말이다." 이것으로 우리가 구원받았습니다." "이것으로 우리가 영생을 얻었습니다." "이것으로 우리는 하나님의 자녀가 되었습니다." 이런 문장이 이어질 것 같지 않은가? 그런데 이어지는 말씀은 그것이 아니다.

"이것으로 우리가 사랑을 알게 되었습니다."

우리가 관습적으로 가지고 있는 신앙의 상식을 깨는 말씀이다. 예수님의 죽음을 통하여 우리가 누리게 되는 영광에 대해서만 익숙한 우리에게, 그의 죽음을 통하여 우리도 사랑을 알게 되었다는 이 표현은 실로 놀랍다. 원문으로 이 본문을 읽으면 강조점이 더 분명하게 다가온다.

ἐν τούτῳ (엔 투토)
ἐγνώκαμεν τὴν ἀγάπην, (에그노카멘 텐 아가펜)
이것을 통하여,
우리가 사랑을 배웠습니다.

먼저 이 말씀이 나온 후, 이어지는 말씀에서 "이것"이 무엇인지 ὅτι(호티)절을 통하여 설명하고 있다.

ὅτι (호티) ἐκεῖνος ὑπὲρ ἡμῶν (에케이노스 휘페르 헤몬)
τὴν ψυχὴν αὐτοῦ ἔθηκεν. (텐 프쉬켄 아우투 에쎄켄)
그가 우리를 위하여 자기 목숨을 내놓으셨습니다.

헬라어 어순에서는 강조하는 것을 앞에 두는 경향이 있

다. 요한일서 3장 16절 말씀의 어순은, 예수님의 죽음보다 우리가 그것을 통하여 아가페를 배웠다는 것이 앞에 나온다. 우리가 아가페를 배웠다는 것을 더 강조하는 순서인 것이다. 예수님께서 우리를 위하여 자기 목숨을 내놓으신 것을 통하여, 우리는 사랑을 알게 되었다. 하나님의 사랑을 구현하신 예수 그리스도의 사랑을 통하여 우리에게 아가페 사랑이 알려졌다. 달리 말하면, 예수님께서 이 땅에 오셔서 우리를 위하여 자기 목숨을 내놓으신 것은, 우리도 아가페 사랑을 알게 하려는 것이다. 우리에게 아가페 사랑을 알려주시기 위하여 예수님께서 생명을 내놓으셨다!

요한일서는 "우리가 아가페를 알게 되었다"는 데서 멈추지 않는다. 이어서 촉구하길,

> 그러므로 우리도 형제자매를 위하여 목숨을 버리는 것이 마땅합니다.(16절)
> 자녀 된 이 여러분, 우리는 말이나 혀로 사랑하지 말고, 행동과 진실함으로 사랑합시다.(18절)

우리도 사랑하며 살라시는 하늘 아버지의 촉구이다. 위에서 설명한 패턴에 이 말씀을 더하면 이와 같다.

A: 이것은 너희를 위하여 주는 내 몸이다.

B: 이것을 행하여 나를 기억하라.(눅 22:19)

A: 내가 너희를 사랑한 것 같이

B: 너희도 서로 사랑하여라.(요 13:34)

A: 예수께서 우리를 위하여 자기 목숨을 내놓으셨습니다.

B: 그러므로 우리도 형제자매를 위하여 우리 목숨을 내놓은 것이 마땅합니다. 말이나 혀로 사랑하지 말고, 행동과 진실함으로 사랑합시다.

세 말씀에 공통점이 있다. 예수님께서 사랑의 본을 보이셨으니, 우리도 사랑해야 한다는 것이다. 예수님께서 그의 생명을 바쳐 사랑 이야기를 쓰셨으니, 예수님을 주로 모시고 사는 우리도 그 사랑 이야기를 써나가는 것이 마땅하다는 말이다. 이것이 예수님의 유언이다.

2

:

하나님은

아가페입니다

"하나님은 사랑입니다."(요일 4:8)

예수님께서 그의 전 생애을 통해 우리에게 보여주신 것은 사랑이다. 죽음을 앞둔 마지막 시간에 당부하신 것도 사랑이다. 그런데 여기서 기억해야 할 것이 있다. 예수 그리스도의 죽음을 통하여 우리에게 보여주신 사랑이 하나님으로부터 온 것이라는 점이다. 바울 사도가 "예수의 죽음"을 "하나님의 사랑이 실증된" 것으로 해석하였을 때 그가 전하고 싶은 이야기가 바로 이것, 예수 그리스도를 통하여 "하나님의 사랑"이 나타났다는 것이다.

> 그러나 우리가 아직 죄인이었을 때에, 그리스도께서 우리를 위하여 죽으셨습니다. 이리하여 하나님께서는 우리들에 대한 자기의 사랑을 실증하셨습니다.(롬 5:8)

이 구절에서 "실증하였다"(개역개정에서는 "확증하셨다")로 번역된 부분의 원어는 "쉰이스테미"^{συνίστημι}이다.

συνίστημι는 "쉰"^{συν} + "이스테미"^{ἱστημι}로 이루어진 합성어이다. "쉰"^{συν}은 "함께"^{with}라는 뜻을 지닌 전치사이고, "이스테미"^{ἱστημι}는 "서다" 혹은 "세우다"^{stand}의 뜻을 지닌 동사이다. 이 둘이 합쳐져 이 동사는 "함께 서다"라는 기본 의미를 지닌다. 예를 들어, 누가복음 변화산 장면에서 졸다가 깬 제자들은 예수님과 "함께 서 있는" 사람들을 보고 놀라는 장면(눅 9:32)에 이 동사가 사용되었다. 이 기본 뜻과 함께 "쉰이스테미"는 "함께 세워두다"라는 뜻도 지닌다. "전시하고 보여준다"는 뜻인데, 의역하면 "한 눈에 보여주다" 정도가 되겠다. 갈라디아서 2장에 이런 표현이 있다.

> 내가 헐어 버린 것을 다시 세우면, 나는 나 스스로를 범법자로 만드는 것입니다.(갈 2:18)

바울 사도의 이 말을 직역하면 "만일 내가 헐어버린 것(율법의 행위)으로 돌아간다면, 그것은 내가 잘못하고 있다는 것을 한 눈에 보여주는 행위입니다"(저자 번역)가 된다. "쉰이스테미"의 이런 뜻을 알고 로마서 5장 8절을 읽으면 분명하게 그 뜻이 와 닿는다. 우리가 아직 죄인이었을 때에, 곧 하나님을 알지 못하고 하나님과 무관하게 살 때에, 예수께서 죽으셨는데, 그의 죽음은 우리를 향한 하나님의 사랑을 한 눈에 보여주는 죽음이라는 말이다. "실증"(새번역)이나 "확증"(개역)도 좋은 번역이다. 그러나 "쉰이스테미"는 "증거"나 "증명"이라는 뜻으로 사용되는 법정 용어나 과학 용어가 아니다. "쉰이스테미"의 바탕에는 "보여주다"라는 뜻이 깔려 있고, 보여줌으로 증명하다는 뜻으로 이해하는 것이 중요하다. 이해를 위해 영어를 덧붙이자면 to prove가 아니라 to demonstrate이다. 예수의 죽음을 통하여 하나님께서는 우리를 향한 그의 사랑을 한 눈에 보여주셨다.

바울 시대에, "하나님께서 사람을 사랑하신다"거나, 더 나아가 "하나님께서 죄인을 사랑하신다"라는 주장은 얼토당토않은 주장이었다. 왜 신이 인간을 사랑한단 말인가? 그것도 죄인들을! 그러나 바울 사도는 예수 그리스도의 십자가 사건을 통하여 "연약하고", "경건하지 않고"(6절), "아직 죄인인"(8절) 인간들을 향한 하나님의 사랑이 드러났다고 설명하였다. 예수의 삶과 죽음이 모여 보여주는 것은 결국 연약한 우리를 향한 하나님의 사랑이라는 말이다. 이 사랑은 아가페이다.

사랑에는 세 종류가 있다. 아가페는 예수님 이전에는 세상에 알려지지 않은 종류의 사랑이다. 예수님을 통하여 세상에 드러났고, 바울 사도를 통하여 우리에게 설명된 사랑이 아가페 사랑이다. 헬라어에는 사랑을 뜻하는 단어는 세 가지가 있다. 에로스^{ἔρως}, 필리아^{φιλία}, 아가페^{ἀγάπη}가 그것이다. 처음에는 철학적 언어가 아니라 일상의 언어로, 뚜렷한 구별 없이 "좋아하다", "사랑하다"는 의미로 함께 사용되었다. 이렇게 함께 사용되던 단어를 굳이 구별하여 보자면, 아가페가 가장 넓고 얕은, 이를테면 보편적 사랑에 사용되는 단어였고, 필리아는 좀 더 좁은 의미로, 에로스는 더 좁고 배타적인 의미로 사용되었다. 아가페는 아무나를 향한 사랑이었고, 필리아는 일정한 범주의 사람들을 향한 사랑이라면, 에로스는 특정인을 향한 사랑이었다.

플라톤이 이 세 단어 중 에로스를 택하여 거기에 철학적 의미를 불어 넣었다. 이어서 아리스토텔레스가 필리아에 철학적 의미를 불어 넣었다. 그러나 아가페 사랑을 설명한 철학자는 없었다. 라파엘로가 그린 〈아테네 학당〉을 한번 보자. 아테네 학당 중앙에 선 두 사람의 손끝을 따라가 보면 플라톤의 손끝은 하늘을, 아리스토텔레스의 손끝은 타자를 가리키고 있다. 이 손끝은 각각 에로스와 필리아를 형상화하였다. 에로스는 절대적 아름다움을 향한 사랑이다. 플라톤은 말했다. 여인의 육체에 아름다움은 있으나, 그 아름다움은 영원하지 않다고. 충성, 용기, 신의와 같은 인간의 미덕도 아름다우나 그 역시 변한다고. 변치 않는 아름다움 absolute beauty 은 인간에 속한 것이 아니라 초월의 세계 곧 신의 영역에 속해 있다고 말이다. 인간이 절대적 아름다움을 지닌 신을 흠모하고 닮기 원하는 마음, 아름다움을 향한 그 갈망이 에로스이다. 에로스는 플라톤의 손끝이 가리키는 것처럼, 아래를 사는 인간들이 위를 향하여 갖는 갈망하는 마음, 그것이다. 플라톤의 손끝이 영원한 아름다움을 향한 인간의 갈망을 표현하고 있다면, 아리스토텔레스의 손끝은 같은 피조물을 향해 있다. 아리스토텔레스가 생각한 가장 수준 높은 인간관계는 필리아에 기초한 관계이다. 필리아는 초월적 존재를 전제하지 않기에 사랑의 대상을 향한 아리스토텔레스의 손끝은 수평적일 수밖에 없다. 인간들 사이의 윤리적 탁월성에 기초한 관계가 필리아이다. 기억해야 할 것은, 라파엘로가 그린 아테네 학당의 중심에 사랑을 설명한 철학자가 두 명 서 있다는 것이다. 셋이 아니라 둘이다. 라파엘로의 그림에 에로스와 필리아는 있되 아가페는 없다. 아가페를 철학의 주제로 삼은 철학자가 없으니, 철학자 중에는 플라톤 아리스토텔레스와 함께 세울 세 번째 사람이 없다. 아가페는 예수 그리스도께서 십자가를 통해 보여주셨고, 바울 사도가 설명하여 우리가 알게 된 사랑이다. 예수와 바울 이전에는, 신이 인간을 사랑한다는 이 사랑의 이야기는 지극히 낯설고 어리석은 이야기였다. 신이 왜! 사람을 사랑하는가? 어여쁜 여인들을 사랑한 바람둥이 신의 이야기는 널리 알려져 있다. 그러나 예수께서 보여주신 아가페 이야기는 그런 류의 이야기와는 완전히 다른, 낯설디낯선 사랑 이야기이다.

아가페가 예수 그리스도를 통하여 드러났지만, 그 줄기를 타고 올라가면 끝에서 만날 수 있는 분은 하나님이다. 아가페는 하나님을 설명하는 언어이다.

> 사랑하는 여러분, 서로 사랑합시다. 사랑은 하나님에게서 난 것입니다. 사랑하는 사람은 다 하나님에게서 났고, 하나님을 압니다. 사랑하지 않는 사람은 하나님을 알지 못합니다. 하나님은 사랑이시기 때문입니다.(요일 4:7-8)

위의 본문은 아가페가 하나님에게서 온 것이라고 증언한다. 그렇기 때문에 "사랑하는 사람"이야 말로 하나님으로부터 온 사람이다. 그리고 더 나아가, 하나님은 아가페라고 증언한다. 요한일서 4장 8절 마지막 문장은 이렇게 말한다.

ὁ θεὸς ἀγάπη ἐστίν. (호 쎄오스 아가페 에스틴)

위의 헬라어 문장의 한글 번역은 "하나님은 사랑(아가페)이시다"이다. 한글 번역을 이해하는 데 어려움은 없다.

그러나 이 문장을 제대로 이해하기 위해서는 신학적 질문과 헬라어 문법적 대답이 필요하다. "하나님은 아가페이시다"라는 말은 무슨 뜻인가? 이 문장의 주어는 "하나님"이고 "아가페"는 be 동사의 주격보어이다. be 동사의 주격보어는 명사와 형용사가 오는데, 여기서는 명사 아가페가 보어로 왔다. 명사가 오면 그 보어는 주어와 동격이거나(예를 들어 "A가 범인이다"의 경우 "A = 범인") 아니면 주어가 속해 있는 상위의 범주(예를 들어, "A는 선생이다"의 경우 "A ⊂ 선생")를 의미한다. 그러므로 명사 주격보어는 주어와 이런 관계에 있다고 하겠다.

주어 ⊆ 명사 주격보어

이 문장의 주어 하나님과 보어 아가페를 이 공식에 넣어 보면 다음 둘 중 하나가 가능하다.

하나님 = 아가페

하나님 ⊂ 아가페

    문제는 이 두 경우 모두 신학적으로 용납되기 어렵다는 것이다. 만일 "하나님 = 사랑"이면 "사랑 = 하나님"과 같이 그 역도 성립한다. 우리는 이 동격을 받아들일 수 없다. 또 하나님이 아가페에 속해 있는 하위범주라는 공식도 수용할 수 없다. 하나님보다 크신 분은 없기 때문이다. 그렇다면 이 문장을 어떻게 이해해야 할까?

    헬라어 문법에 콜웰의 법칙Colwell's Rule이 있다. 중급 정도에 해당하는 문법 규칙인데, 여기서 이 법칙을 소개하는 문법 강의를 하려는 것은 아니다. 여기서는 콜웰의 법칙이 일으킨 문법 논쟁 중에 필립 하너Philip Harner가 주장한 바를 소개하려는 것이다. 하너의 주장은 요한일서 4장 8절 말씀을 이해하는 데 결정적인 도움을 준다. 하너에 따르면 be 동사의 주격보어로 명사가 온 경우라 하더라도, 그 명사 보어가 주어와 동격이거나 주어의 상위범주를 설명하지 않고, 형용사 보어처럼 주어의 특징qualitative을 설명하는 예외적인 경우가 있다고 한다. 그런 경우가 되기 위해서는 보어로 온 명사가 관사를 가지고 있지 않아야 하고, 보어로 온 명사가 어순에서 동사보다 앞에 와야 한다는 조건을 충족시켜야 한다.(Greek Grammar Beyond Basics 256-264) "하나님은 사랑이다"라는 이 문장이 바로 이 경우에 해당한다. 보어 아가페 $ἀγάπη$는 관사와 함께 오지 않았다. 보어 아가페$ἀγάπη$는 동사 에스틴$ἐστίν$의 뒤에 오지 않고 앞에 왔다. 하너의 문법 설명을 살려 ὁ θεὸς ἀγάπη ἐστίν를 번역하면 이렇다.

"하나님은 사랑을 존재의 특징으로 한다."
혹은, "하나님의 본질은 사랑이다."(요일 4:8)

적절한 문법을 반영한 이런 번역은, "하나님은 사랑이다"라는 신학적 논란이 다소 있을 수 있는 번역을 대신하여 이 문장의 뜻을 분명하게 드러내 준다. 이 문장과 같은 구조를 가진 요한1서 1장 5절의 "하나님은 빛이다"라는 말씀을 번역해 보는 것은, "하나님은 사랑이다"는 문장을 이해하는 데 도움이 된다. "하나님은 빛이다"는 문장은, "하나님 = 빛"이라는 말씀도 아니고 "하나님 ⊂ 빛"이라는 말씀도 아니다. 가장 적절한 해석은 "하나님은 빛을 존재의 특징으로 하신다"이다. "하나님은 빛이다"라는 말씀은 다른 뜻이 아니라 이 뜻이다. 마찬가지로 "하나님은 사랑이시다"는 말씀은 하나님의 본질을 우리에게 드러내 주는 말씀이다. 사랑이 하나님의 본질이다.

성경 전체는 하나님을 어떤 분으로 증언하는가? 사랑을 본질로 이루고 있기에 결국은 사랑하실 수밖에 없는 존재로 증언한다. 떠나간 아들이 돌아오길 기다리는 탕자의 아버지처럼(눅 15:11-32), 떠나간 인류에게 "돌아오라" 부르며 기다리는 하늘 아버지 같은 분이 하나님이시다. 인간을 향한 하나님의 사랑이 흘러넘쳐, 하나님의 사랑이 인간의 몸을 입고 세상에 오셨다. 오셔서 하나님의 본질인 아가페 사랑이 무엇인지 몸소 보여주셨다. 우리는 예수 그리스도를 통하여 하나님의 이 사랑을 비로소 알게 되었다. 알게 되었을 뿐만 아니라 살게 되었다. 요한일서는 우리에게 권면한다, "우리도 서로 사랑합시다." 그리고 이어서 말하길,

> 지금까지 하나님을 본 사람은 없습니다. 그러나 우리가 서로 사랑하면, 하나님이 우리 가운데 계시고, 또 하나님의 사랑이 우리 가운데서 완성된 것입니다.(요일 4:12)

인간이 어떻게 하나님을 알 수 있나? 우리가 서로 사랑하면 그 때 비로소 하나님을 알 수 있다. 누가 하나님의 사

람인가? 사랑하며 사는 사람이다! 그러므로 아가페로 사는 길이 신앙의 길이다. 하나님께서 예수 그리스도를 통하여 쓰신 사랑 이야기를 우리가 이어서 써나갈 때 우리 안에서 하나님의 사랑이 완성된다. 그 길이 곧 믿음의 길이고 소망의 길이고 우리 신앙생활의 중심이다.

3

:

하나님의

형상대로

"하나님이 당신의 형상대로 사람을 창조하셨으니, 곧 하나님의 형상대로 사람을 창조하셨다. 하나님이 그들을 남자와 여자로 창조하셨다."(창 1:27)

톨스토이가 쓴 단편 중에 "사람은 무엇으로 사는가?"라는 작품이 있다. 이 소설은 성경 인용구로 시작하는데 바로 이 말씀이다.

"우리는 우리의 형제자매들을 사랑하기 때문에 이미 죽음을 벗어나 생명의 나라에 들어와 있는 것이 분명합니다. 사랑하지 않는 사람은 죽음 속에 그대로 머물러 있는 것입니다."(요일 3:14)

이어서 요한일서에서 실려 있는 사랑에 관한 성구 다섯을 더 인용한 후에, 먹을 충분한 양식도 없고 입을 따뜻한 옷도 없는 시몬이라는 가난한 구두수선공 이야기로 톨스토이는 소설을 시작한다. 시몬과 그의 아내, 그리고 그들이 우연히 보살펴준 미카엘의 이야기를 통해서, 톨스토이는 세 가지를 질문하고 그 질문에 답한다. 첫 번째 질문은 "사람에게는 무엇이 있는가?"이고, 그 대답은 "사람에게는 사랑이 있다"이다. 두 번째 질문은 "사람이 갖지 못한 것이 무엇인가?"이고, 답은 "자신에게 무엇이 필요한지를 아는 능력을 갖추지 못했다"이다. 그리고 세 번째 질문이 이 책의 제목인, "사람은 무엇으로 사는가?"이다. 이 세 번째 질문에 대한 톨스토이의 대답을 인용해보자.

> "모든 사람은 그들 자신의 행복을 위한 생각이 아니라, 사람에게 존재하는 사랑 때문에 사는 것입니다. … 비록 그들이 자신을 위한 걱정으로 사는 것처럼 보이지만, 실은 그들이 사랑에 의해서만 산다는 것을 이제 이해했습니다. 사랑이 있는 사람은 신 안에 있고, 신은 그 사람 안에 있습니다. 신은 사랑이기 때문입니다."

사람이 서로 나누는 사랑에 의해서 사는 존재이고 이것을 위하여 하나님께서 사랑에게 사랑을 주셨다는 것이 톨스토이의 통찰이다.

톨스토이의 통찰은 창세기 1장 27절이 말하는 "하나님의 형상"이 무엇을 말하는 것일까에 대한 답을 준다. בְּצֶלֶם אֱלֹהִים (베첼렘 엘로힘), 곧 "하나님 형상"으로 사람을 지으셨다는 말은 무슨 뜻인가? 어떤 사람은 겉모습이 닮은 것으로 해석한다. 이것은 신인동형론적anthropomorphism 해석으로, 하나님이 기본적으로 인간의 모습을 하고 계시다는 고대의 신관을 반영한 것이다. 또는 인간에게 주신 창조세계에 대한 위임, 즉 청지기 됨을 하나님의 형상으로 이해하기도 한다. 그렇다면 성경에서 말하는 "하나님의 형상"은 무슨 뜻인가?

이전 장에서 우리는 "하나님은 사랑이다"는 말씀이 하나님의 존재적 특성에 관한 말씀이라는 것을 배웠다. 하나님은 아가페를 특성으로 하시는 분이시다. 하나님은 아가페로 가득한 분이시라는 말이다. 하나님의 존재적 특성에 "하나님의 형상"을 찾는 힌트가 들어 있다. "하나님의 형상"이 무엇일까 추론하는 길은 의외로 단순하다. 인간이 "하나님의 형상대로" 지어졌다면, 하나님과 인간 사이에 공통점이 있다는 말이고 닮았다는 뜻이 된다. 하나님과 인간 사이에 닮은 점은 무엇인지 추론하다 보면 "하나님의 형상"이 무엇을 의미하는지 그 답을 찾을 수 있다. 톨스토이의 "사람은 무엇으로 사는가?"는, 하나님의 형상, 즉 하나님과 인간이 공유하고 있는 속성은 사랑이라는 점을 깨닫게 한다. 하나님은 아가페를 그 존재의 특징으로 하시는 분인데, 그 아가페를 인간에게도 나누어 주셔서, 인간도 사랑할 줄 아는 존재가 되었다는 것이 톨스토이의 통찰이다. 톨스토이가 준 통찰을 우리가 받아들이면, 이렇게 말할 수 있다. "사랑하는 사람, 그가 하나님의 형상을 닮은 인간의 모습이다."

하나님의 형상이 아가페이고, 사람을 지으실 때 아가페를 나누어주셨다면, 아가페 사랑은 인간에게 부과되는 윤리적 의무가 아니다. 그것은 인간의 본성이자 인간 존재의 특징이다. 하나님께서는 이미 우리를 사랑하는 존재로 창조하셨고 우리 안에 사랑하는 능력을 주셨다. 여기가 바로 세상의 인간론과 성경의 인간론이 부딪히는 지점이다.

세상의 인간론은 인간은 이기적인 존재로 서로 싸우고 경쟁하는 존재이지 사랑하는 존재는 아니라고 주장한다. '사회진화론'이 주장하는 바를 들어보라. 인간이 서로 경쟁하여 이긴 자는 살아남고 진 자가 도태하는 것은 자연의 원리이며 그것을 통하여 인류는 진보한다고 주장한다. 그래서 도태되어 마땅한 자들을 돕는 일체의 사회복지나 의료복지 프로그램은 자연의 원리에 위배되는, 해서는 안 될 일이라고 주장한다. 세상의 인간론을 더 잘 이해하려면, 리처드 도킨스Richard Dawkins의 『이기적 유전자』를 읽어보라. 인간은

"유전자의 자기 보존 욕구를 수행하는 생존 기계"에 불과하여, 자기 보존 외에는 관심 없는 유전자의 이기적인 요구를 수행하는 존재이며, 때로는 이타적으로 보이는 행동을 할지라도 그것조차 실은 이기적 발로에서 온 것으로 이해한다. 이런 이야기를 듣고 읽고 우리 주변을 둘러보니, 현실 속 인간 군상들의 이야기는 이런 비관적 인간론을 뒷받침하는 것처럼 보인다. 나 자신을 성찰해 보아도, 인간은 원래 이기적이라는 이런 주장이 설득력 있어 보인다.

  그러나 성경의 인간론은 인간에 대해 달리 말한다. 인간은 "하나님의 형상대로" 하나님의 숨결에 의해 창조되었다고 말한다. 성경에서 놀라운 점은, 인간이 그렇게 창조되었다고 선언하기는 하되, 그렇게 하나님 닮은 인간의 모습에 대해서는 거의 묘사하지 않는다는 것이다. 굳이 꼽아보자면 타락하기 이전의 원인간의 모습과 예수 그리스도의 모습이 전부이다. 오히려 성경 속에 등장하는 인간의 모습들은 세상이 주장하는 인간론을 뒷받침하는 모습들이다. 성경의 가장 앞부분을 구성하는 토라 서론(창세기 1-11장)에 이미 형제 살해라는 엄청난 죄악이 등장하고, 인간을 지으신 것을 "후회하고 마음 아파"하신(창 6:6) 하나님께서 일으키신 홍수 심판에 대한 이야기가 나올 정도이다. 성경은 세상의 어떤 인간론보다 인간 현실에 대한 비관적 시각을 가진 것으로 보인다. 그러나 이런 비관적 인간 현실에 대한 묘사와 함께, 성경이 주장하는 바는 따로 있다. 이런 모습은 인간이 처음 지음 받은 원모습이 아니라는 주장이다. 인간이 타락하여 죄에 묶여 있는 모습이다. 그래서 이것을 깨닫고 회개하고 돌아서면 인간이 지음 받은 원래 모습, 하나님께서 보시고 "좋았다" 하신 그 모습을 회복할 수 있다는 주장이다. 이것이 다른 인간론과는 다르게 성경이 제시하는 인간에 대한 희망이다.

여기에서 분명히 할 것이 있다. 이 장에서 "하나님의 형상"을 "아가페"라고 해석하였지만, 이를 뒷받침하는 직접적 증언이 성경에 있지는 않다는 것이다. 이 주장은 추론일 뿐이다. 맞다. 추론이다. 그러나 성경적 추론이다. 인간은 원래 사랑하는 존재로 지음 받았지만, 타락하면서 욕심과 죄에 묶여 그 아름다운 모습을 잃었고, 그럼에도 불구하고 회개하고 돌아서면 다시 그 모습을 찾을 수 있다는 이야기가 성경이 우리에게 전하는 희망의 메시지이다. 무엇보다 우리는 예수님께서 회개하고 새로운 사람이 된 이들에게 "새 계명"(요13:34, 15:12)과 "가장 큰 계명"(막12:28-34와 병행구절)을 주셨는데, 예수님의 계명의 공통점이 아가페였다는 점에 주목해야한다. 복음으로 새롭게 된 새 인간에게 기대하는 바를 우리는 하나님께서 지으신 원인간의 특징으로 이해할 수 있지 않을까? 예수님께서 새로운 피조물로 거듭난 인간에게 기대하신 것이 다른 무엇도 아닌 오직 아가페 하나라면, 타락하기 이전 인간 존재의 특징을 아가페로 이해할 수 있지 않겠는가? 이것이 이 장에서 "하나님의 형상대로"를 "아가페 사랑을 사는" 인간으로 이해하는 추론의 근거이다. 복음으로 회복된 인간에게 하나님께서 기대하시는 것은 아가페 사랑 하나이다. "사랑하는 사람"이 구원받은 새 사람의 특징이다. 그것이 하나님께서 지으신 원래 인간의 모습이다.

"하나님의 형상"이 아가페를 특징으로 하는 인간 본성이고, 예수 그리스도를 통하여 선포된 하나님의 복음은 이것을 회복시키는 능력이다. 이런 다소 새롭고 과감한 생각은 예수님께서 이 땅에서 하신 일을 묵상해볼 때 더욱 분명해진다. 예수님께서 하신 일은 누가복음 4장에서 나사렛 회당에 들어가 성경을 읽으셨을 때, 그 읽으신 말씀 속에 잘 요약되어 있다.

"주님의 영이 내게 내리셨다. 주님께서 내게 기름을 부으셔서, 가난한 사람에게 기쁜 소식을 전하게 하셨다. 주님께서 나를 보내셔서, 포로 된 사람들에게 해방을 선포하고, 눈먼 사람들에게 눈 뜸을 선포하고, 억눌린 사람들을 풀어 주고, 주님의 은혜의 해를 선포하게 하셨다."(눅 4:18-19 cf. 칠십인역 이사야 61:1-2)

마가복음에서 옥에 갇힌 요한이 예수님께서 하시는 일들을 궁금하게 생각하여 '당신이 오실 그분[메시아]입니까?'라고 물은 적이 있다. 이 질문은 '당신이 하고 계신 일들이 메시아가 할 것으로 기대되는 일들입니까?'라는 질문과 같다. 이 질문에 대하여 예수님께서 주신 답은 위의 누가복음 인용구와 그 맥락을 같이한다.

그런데 요한은, 그리스도께서 하신 일들을 감옥에서 전해 듣고, 자기의 제자들을 예수께 보내어, 물어 보게 하였다. "오실 그분이 당신이십니까? 그렇지 않으면, 우리가 다른 분을 기다려야 합니까?" 예수께서 그들에게 대답하셨다. "가서, 너희가 듣고 본 것을 요한에게 알려라. 눈 먼 사람이 보고, 다리 저는 사람이 걸으며, 나병 환자가 깨끗하게 되며, 듣지 못하는 사람이 들으며, 죽은 사람이 살아나며,

가난한 사람이 복음을 듣는다.(마 11:2-5)

    예수님의 공생애를 요약하고 있는 이 두 장면은 공통적으로 예수님께서 하신 일을 한마디로 해방을 선포하시고 자유를 주신 것으로 설명한다. 병자를 치유하여 병으로부터 해방시켜 주셨고, 귀신을 쫓아 자유를 주셨으며, 죄인 취급 당하던 사람들에게 존귀한 인간임을 깨닫게 하셔서 죄의식과 자기비하로부터 놓여나게 하셨다. 예수님께서 주신 자유와 해방을 어떻게 이해할 수 있는가? 예수님의 사역은 사랑과 어떤 관계인가? 그 사역은 사랑할 수 있는 조건을 마련해 주셨다. 사랑에는 반드시 충족되어야 할 조건이 있는데, 그것은 바로 자유이다. 자유는 사랑을 위한 조건이자 동반자이다. 자유로운 자만이 사랑할 수 있다. 묶여 있는 사람이 하는 사랑, 강제로 하는 사랑, 부담을 가지고 하는 사랑, 억지로 하는 사랑, 두려워서 하는 사랑, 그런 것들은 이름만 사랑이지 사랑이 아니다. 그래서 자유는 사랑의 전제조건이 되는 것이다. 아버지가 무서워서 아버지에게 잘한다면 그것은 사랑이 아니다. 나에게 헌신적인 어머니가 실망할 것이 두려워서 어머니에게 잘한다면 그 역시 사랑이 아니다. 경제적인 기대나 다른 무엇 때문에 친구에게 잘한다면 그것도 사랑이 아니다. 내 소원을 들어주셔서, 또는 들어주십사 하나님께 잘한다면 그것도 사랑이 아니다. 사랑은 이 모든 기대와 불안에서 자유로운 상태에서 자유의지를 가지고 자발적으로 택하는 행동일 때만 성립된다.

성경에 예수님께서 어떤 사람을 "사랑하는 사람"으로 회복시키셨다는 말은 없다. 누군가에게 안수하였더니 그 사람이 "사랑하는 사람"이 되었더라는 류의 말씀은 성경에 적혀있지 않다. 왜 그런가? 예수님께서도 한 사람을 사랑하는 사람으로 변화시킬 수는 없다. 예수님의 능력이 부족해서가 아니라, 그렇게 누군가가 변화시켜서 사랑하는 삶을 택하게 하면 그것은 사랑이 아니기 때문이다. 사랑은 자유의지로 자발적으로 택하는 길이어야 한다. 그것이 사랑의 필요조건이다. 자유의지로 선택하지 않은 사랑은 사랑이 아닌 것이 되는 사랑의 독특한 성격 때문에 예수님도 그리하실 수 없으셨던 것이다. 묶인 사람들을 해방하여 자유를 주심으로 사랑을 택하여 살 수 있는 조건을 마련해 주신 것이 예수님께서 하실 수 있는 최선이었다. 이렇게 예수님께서 우리를 자유하게 하신 것은 사랑하는 사람으로 회복하시기 위한 첫걸음으로 이해할 수 있다.

이런 이해를 가지면, 다음과 같은 말씀들도 사랑을 향한 말씀으로 이해할 수 있다.

"그리스도께서 우리가 자유를 누리며 살도록 우리를 해방시켜 주셨습니다. 그러므로 굳게 서서, 다시는 종살이의 멍에를 메지 마십시오."(갈 5:1, 사역)

예수께서 자기를 믿은 유대 사람들에게 말씀하셨다. "너희가 나의 말에 머물러 있으면, 너희는 참으로 나의 제자들이다. 그리고 너희는 진리를 알게 될 것이며, 진리가 너희를 자유롭게 할 것이다." … 그러므로 아들이 너희를 자유롭게 하면, 너희는 참으로 자유롭게 될 것이다.(요 8:31-36)

이 말씀들은 자유와 해방의 말씀이다. 예수님께서 우리에게 주신 것이 해방이라는 말씀으로, 사랑과는 관계없는 말씀처럼 들린다. 그러나 기억해야 할 것은, 성경의 가르침에서 자유와 해방은 사랑을 위한 것이라는 거다. 예수님께서 우리에게 자유와 해방을 주신 것은 사랑을 하며 살라는 뜻이다. 아래의 바울 사도 말씀은 이 관계를 분명히 설명한다.

"형제자매 여러분, 하나님께서는 여러분을 부르셔서, 자유를 누리게 하셨습니다. 그러나 여러분은 그 자유를 육체의 욕망을 만족시키는 구실로 삼지 말고, 사랑으로 서로 섬기십시오."(갈 5:13)

다른 어떤 말씀보다, 자유와 사랑의 관계가 어떠한지 잘 밝혀주는 귀한 말씀이다. 자유는 사랑을 위한 것이다. 이 한 문장 안에 예수님께서 우리를 온갖 묶고 있는 것으로부터 해방하셔서 자유를 주신 이유가 담겨있다.

바울 사도는 예수님의 가르침을 이어받아 예수님을 믿는 우리가 하나님의 자녀가 되었다는 복음을 선포하였다. 그는 예수를 믿는 우리가 하나님의 "자녀"가 되어 누리는 특권을 "종"으로 살던 과거와 대비하였다. 하나님의 자녀를 말하는 구절에서 "자녀"와 "종"이 대비되는 것은 눈여겨볼 일이다. "자녀"가 누리는 것이 무엇인가? 바로 "자유"이다.

> 하나님의 영으로 인도함을 받는 사람은, 누구나 다 하나님의 자녀입니다. 여러분은 또다시 두려움에 빠뜨리는 종살이의 영을 받은 것이 아니라, 자녀로 삼으시는 영을 받았습니다. 그래서 우리는 그 영으로 하나님을 "아빠, 아버

지"라고 부릅니다. 바로 그 때에 그 성령이 우리의 영과 함께, 우리가 하나님의 자녀임을 증언하십니다.(롬 8:14-16)

그러므로 하나님의 자녀 된 그리스도인은 어떤 사람인가? 종살이에서 해방된 자유한 사람이다. 해방된 우리는 사랑으로 살게 된다.

이런 맥락에서 예수님을 묵상해보자. 예수님은 자유와 사랑을 처연하도록 아름답게 살아 내신 분이다. 예수님께서는 자유의지로 사랑의 죽음을 결단하셨다. 이로써 우리에게 주어진 자유로 사랑을 살아내는 본을 보여주셨다. 자유는 있는데 사랑은 없는 것이 죄의 시작이다. 예수님은, 자유 가운데 결단한 사랑의 죽음을 통하여 자유의지를 가진 우리가 자유를 죄의 근거로 사용하지 않고 사랑하는 동력 사용하도록 본을 보여주셨다. 예수님의 자유의지를 깊이 이해하지 못하고, 예수님의 죽음을 보면 감동될 것이 없다. 원래 죽으러 와서, 계획대로 죽은 분이라는 기계적인 이해만 남을 뿐이다. 만일 그랬다면 성경은 "예수님께서 괴로워하셨다"(요 12:27, 13:21)는 말을 전하지 않았을 것이다. 죽음을 앞둔 예수님께서는, 우리와 마찬가지로 괴로워하셨다. 자유인이기 때문에 괴로웠던 것이다. 너무나 괴로워 "땀이 핏방울같이 되도록" 기도하셨고(눅 22:43-44), "큰 부르짖음과 많은 눈물로써"(히 5:7) 기도하셨다. 자유로 죽음을 피할 수도 있고, 맞이할 수도 있었기 때문에 괴로웠던 것이다. 결국 "네 할 일을 어서 하라"는 말씀으로 유다의 자유를 존중해 주시고, 당신은 죽음의 길을 가시는 "끝사랑"(요 13:1)을 보여주셨지만, 그것이 미리 정해진 결론이 아니었기에 괴로워하셨다. "나의 아버지, 하실 수만 있으시면, 이 잔을 내게서 지나가게 해주십시오. 그러나 내 뜻대로 하지 마시고, 아버지의 뜻대로 해주십시오."(마 26:39)라는 말씀은 이런 예수님의 모습을 극적으로 보여준다. 자유가 사랑으로 발현된, 하나님 닮은 모습을 인간의 몸을 입고 보여주셨다. 그래서 성경은 예수에 대해 "하나님의 형상이신 그리스도"(고후 4:4)라고 증언한다.

자유는 사랑을 위한 전제이다. 사랑은 아무것에도 묶이지 않고, 자유롭고 자발적인 마음이다. 예수님께서 이렇게 사는 삶을 몸소 행해 보여주셨다. 그리고 예수님께서는 진리를 가르쳐 우리를 해방하시고 자유를 주셨다. 이 자유를 자발적으로 사랑하는 데 사용하는 것은 우리의 몫이다. 죄가 사랑 없이 자유를 사용하는 것이라면, 진리는 자유를 사랑을 위하여 사용하는 것이다. 그렇게 살 때 우리 안에 숨겨진 하나님의 형상이 나타난다. 그렇게 살 때 우리는 하나님 닮은 존재가 된다.

> 하나님이 우리에게 자기 영을 나누어 주셨습니다. 이것으로 우리가 하나님 안에 있고, 또 하나님이 우리 안에 계시다는 것을 우리는 압니다. … 하나님은 사랑이십니다. 사랑 안에 있는 사람은 하나님 안에 있고 하나님도 그 사람 안에 계십니다.(요일 4:13, 16)

자유와 사랑은 이렇게 연결되어 있다. 진정한 자유인만이 할 수 있는 것이 사랑이다. 자유의지 없는 사랑은 사랑이 아니다. 예수님께서 이 본을 보여주셨다. 자유가 사랑으로 꽃필 때, 신적인 삶을 살게 된다. 이것이 구원이다. 예수님께서 그렇게 하셨듯이, 타자가 자유인 임을 존중해주는 것이 사랑의 첫걸음이다. 자유를 인정하는 것이 상대에게 구원의 가능성을 열어주는 것이다. 예수님께서 유다의 자유를 인정하신 것처럼 말이다. 자유를 사랑을 위하여 사용하는 사람도 있지만, 자유를 자신의 이기적 욕심을 위하여 사용하는 사람도 있다. 후자가 바로 가룟 유다가 보여준 모습이다. 하나님께서는 인간에게 이 둘 중 하나를 선택할 수 있는 자유를 주셨다. 절대 강제하지 않으셨다. 자유와 사랑이 만나는 삶이 가장 아름다운 삶이고 하나님의 형상을 회복한 삶이다. 이 삶에는 믿음이 필요하다.

4

아가페의 다섯 특징

"우리는 말이나 혀로 사랑하지 말고, 행동과 진실함으로 사랑합시다."(요일 3:18)

우리는 아가페 사랑을 하고 있는가? 아가페는 하나님의 본성이다. 아가페는 예수님께서 우리에게 "하라!" 명하신 계명이다. 아가페 사랑을 나누는 삶을 통해 우리는 하나님 닮은 사람으로 회복된다. 그 사람은 이미 죽음에서 생명으로 옮겨졌다.(요일 3:14) 아가페 사랑을 실천하며 살려면 먼저 아가페의 특징을 이해해야 한다. 사랑하며 사는 사람은 많지만 아가페 사랑을 하며 사는 사람은 많지 않다. 아가페의 특징은 다음의 다섯가지이다. 내가 하는 사랑이 아가페 사랑인지 체크해보자.

🍀 하나, 위로부터 from above 의 사랑

> 사랑은 이 사실에 있으니, 곧 우리가 하나님을 사랑한 것이 아니라, 하나님이 우리를 사랑하셔서, 자기 아들을 보내어 우리의 죄를 위하여 화목제물이 되게 하신 것입니다.(요일 4:10)

사랑이신 하나님께서 먼저 우리를 사랑하셨다. 아가페의 기원은 하나님이시다. 아가페는 타락한 인간의 본성이 아니라 하나님의 본성이다. 그래서 아가페는 "위로부터 오는 사랑"이라고 할 수 있다. 위로부터 받은 것 없이 아가페 사랑을 하는 것은 불가능하다. 인간은 창조 때에 하나님의 형상을 받아 사랑하는 인간으로 창조되었다. 타락한 인간은 이런 본성을 잃어버렸지만, 복음을 통하여 용서하고 용납하시는 하나님의 사랑을 다시 받아 사랑하는 인간으로 회복되었다. 아가페는 하나님으로부터 우리에게 왔다. 아가페 복음을 영접한 사람은, 단순히 "구원의 확신"을 가지고 천국 가는 그날을 기다리며 사는 것이 아니라, "사랑하는 사람이 되어" 이 땅의 삶에서 천국을 이루어간다.

우리는 우리가 사랑이 없는 사람이라는 사실을 새삼 발견하고 낙심할 때가 있다. "사랑하며 사는 것이 너무 힘들어요. 아무래도 불가능할 것 같아요." 이런 낙심 속에서 기억해야 할 것이, "아가페는 위로부터 오는 사랑"이라는 점이다. 우리에게 사랑이 없는 것은 당연하다! 그것을 알기에 우리는 사랑없는 우리를 있는 그대로 받아들일 수 있다. 아가페 사랑은 원래 위로부터 우리에게 임하는 것이기 때문에 우리가 사랑없는 사람인 것은 문제가 아니다. 위로부터 받지 못한 것이 문제이고, 받기 위해 사모하면 된다.

❖ 둘, 대가를 바라지 않는 sacrificial 사랑

예수 그리스도에 의해 보여진 아가페 사랑의 특징은 희생이다. 예수의 사랑은 대가를 바라지 않는다. 다른 사람을 위하여 자기 생명을 내놓은 예수 그리스도의 희생을 통하여 아가페가 증거 되었다. 예수님의 희생은 대가를 바라지 않는 희생이다.

제자들은 예수님의 사랑을 이해하지 못하고 대가를 기대

하였다. 예루살렘으로 올라가는 길에서 예수님의 제자들은 그동안 주님을 위해 행한 자신들의 헌신에 대한 보상을 받을 생각에 들 떠 있었다. 아래 구절들이 묘사하는 제자들의 말과 행동에 그런 마음이 묻어나 있다.

> 그리고 예수께서는, 인자가 반드시 많은 고난을 받고, 장로들과 대제사장들과 율법학자들에게 배척을 받아, 죽임을 당하고 나서, 사흘 후에 살아나야 한다는 것을 그들에게 가르치기 시작하셨다. 예수께서 드러내 놓고 이 말씀을 하시니, 베드로가 예수를 바싹 잡아당기고, 그에게 항의하였다. (막 8:31-32)

> 예수께서 집 안에 계실 때에, 제자들에게 물으셨다. "너희가 길에서 무슨 일로 다투었느냐?" 제자들은 잠잠하였다. 그들은 길에서, 누가 가장 큰 사람이냐 하는 것으로 서로 다투었던 것이다. (막 9:33-34)

> 베드로가 예수께 말씀드렸다. "보십시오, 우리는 모든 것을 버리고 선생님을 따라왔습니다." (막 10:28)

> 세베대의 아들들인 야고보와 요한이 예수께 다가와서 말하였다. "선생님, 우리가 요구하는 것은, 무엇이든지 해주시기 바랍니다." 예수께서 그들에게 말씀하셨다. "너희는 내가 너희에게 무엇을 해주기를 바라느냐?" 그들이 그에게 대답하였다. "선생님께서 영광을 받으실 때에, 하나는 선생님의 오른쪽에, 하나는 선생님의 왼쪽에 앉게 하여 주십시오."(막 10:35-37)

더 많은 대가를 바라며 논쟁하는 제자들의 마음은 아가페의 마음이 아니다. 그들은 예수님을 따라다녔고 제자라는 호칭을 들었지만, 예수님을 이해하지 못하였다. 제자들의 마음에 대비되는 예수님의 마음은 이 한 구절 말씀에 담겨 있다.

> 인자는 섬김을 받으러 온 것이 아니라 섬기러 왔으며, 많은 사람을 구원하기 위하여 치를 몸값으로 자기 목숨을 내주러 왔다.(막 10:45)

이 한 구절 예수님의 말씀은 대가를 바라지 않는 사랑이라는 아가페의 특징을 잘 보여준다. 대가가 없다고 하여 무가치한 것은 아니다. 사랑을 베푼 주체가 대가를 돌려받지는 않지만, 사랑이 부어진 대상은 그 사랑으로 인하여 생명을 풍성히 얻는다. 한 알이 죽어 수많은 밀알이 열매로 맺혀 생명을 얻는다는 밀알의 비유는 이것을 잘 보여준다.

> 예수께서 그들에게 대답하셨다. "인자가 영광을 받을 때가 왔다. 내가 진정으로 진정으로 너희에게 말한다. 밀알 하나가 땅에 떨어져서 죽지 않으면 한 알 그대로 있고, 죽으면 열매를 많이 맺는다. …"(요 12:23-24)

사랑의 결실을 내가 직접 누리지는 못하지만, 사랑을 준 대상이 그 결실을 누리고 그로 인하여 잘 되는 것을 보고 기뻐하는 마음이 아가페의 마음이다.

이런 말을 하는 분들을 가끔 만난다. "나는 사랑으로 대했는데 돌아오는 것이 없어요. 그래서 늘 나만 손해 보는 것 같고 퍼주기만 하는 것 같아 속상해요." 아가페를 살고 있으니, 너무 속상해하지 마시라고 말씀 드리고 싶다. 손해 보는 것 그리고 퍼 주는 것이 아가페이다. 우리가 조금이나마 줄 수 있었던 것에 감사할 일이다. 예수님께서는 "거저 받았으니 거저 주라"(마 10:8)고 가르쳐주셨고, 심지어 "은혜를 모르는 사람도 인자하게 대하라"(눅 6:35, 사역)고 말씀하셨다. 예수님은 자신의 가르침대로 사셔서 우리에게 아가페의 본을 보이셨다.

🌿 셋, 조건없는 unconditional 사랑

우리가 아직 약할 때에, 그리스도께서는 제 때에, 경건하지 않은 사람을 위하여 죽으셨습니다. 의인을 위해서라도 죽을 사람은 거의 없습니다. 더욱이 선한 사람을 위해서라도 감히 죽을 사람은 드뭅니다. 그러나 우리가 아직 죄인이었을 때에, 그리스도께서 우리를 위하여 죽으셨습니다. 이리하여 하나님께서는 우리들에 대한 자기의 사랑을 실증하셨습니다.(롬 5:6-8)

예수 그리스도 이전에는, 이스라엘이 하나님의 사랑을 증언하였었다. 이스라엘이 증언한 하나님의 사랑은 언약 관계 안으로 한정되었었다. 율법을 지키는 자, 경건한 자가 그 사랑의 대상이었다. 선민을 향한 사랑이라고 할 수 있다. 그러나 이스라엘이 증언한 하나님의 사랑은 아가페의 그림자이다. 예수 그리스도를 통하여 증거된 아가페는 위의 성경 말씀이 강조하는 것처럼 "약한 사람", "경건하지 못한 사람", "죄인인 사람"까지 포함하는 사랑이라는 점에서 이스라엘이 증언한 하나님의 사랑과 다르다. 바울 사도가 비슷한 표현을 세 번이나 사용하면서 강조한 것은, 선민에 포함되지 못한 사람을 향하여서도 하나님의 사랑이 활짝 넓어졌다는 것을 강조하기 위함이다. 아가페 사랑에는 조건과 자격이 따로 없다. 자격없이 받아서 아가페 사랑을 은혜라고 한다. 받는 것이 당연하고 마땅한 것을 받았을 때, 그것은 은혜가 아니라 정의다. 은혜는 받을 조건과 자격이 없는데 받는 것을 말한다. 아가페는 하나님의 정의가 아니라 하나님의 은혜이다. 자격과 조건이 되어서 그 사랑을 받은 사람은 없다. 그의 존재와 그가 이룬 모든 성취를 은혜로 고백하는 바울의 고백이 귀에 울린다.

> 그러나 나는 하나님의 은혜로 오늘의 내가 되었습니다. 나에게 베풀어주신 하나님의 은혜는 헛되지 않았습니다. 나는 사도들 가운데 어느 누구보다도 더 열심히 일하였습니다. 그러나 이렇게 한 것은 내가 아니라, 나와 함께 하신

하나님의 은혜입니다.(고전 15:10)

    이 고백은 모든 믿는 자들의 고백이다. 누가 감히 내가 하나님께 받은 사랑이 은혜가 아니라 정의라고, 받는 것이 마땅하고 당연하다고 주장할 수 있겠는가.

    그런데, 이 은혜를 받은 그리스도인들 중에도 사랑에 조건이 있어야 한다고 주장하는 사람들이 있다. 이 사람들은, 아무나 사랑하는 것은 위험하다고 하면서, 사람이 가진 조건을 따져보고 사랑하기도 하고 미워해야 한다고 주장한다. 안타깝다. 우리 대부분은 예수님께서 본을 보이신 "두려움을 내어 쫓는 온전한 사랑"(요일 4:18)을 나누는 경지에 이르지는 못하였다. 우리 안에 남아 있는 미움은 우리의 악함과 약함 때문이다. 우리가 온전하지 못하여 우리 안에 불안과 두려움이 남아 울렁이는 것인데, 이것을 잠재우기 위해 조건을 걸어 사람을 미워하고 울타리를 치고 배척하는 것은 그리스도인에게 용납될 수 없는 태도이다. 모든 생명은 하나님으로부터 왔다. 하나님께서는 모든 존재를 있는 그대로 조건없이 사랑하신다. 만일 하나님의 사랑에 조건이 있었다면 하나님의 사랑을 받을 수 있는 사람은 한 사람도 없을 것이다. 그럴 수 있는 사람이 누구인가! 아가페는 "그렇기 때문에" 사랑하는 것이 아니라, "그럼에도 불구하고" 사랑하시는 하나님의 사랑이다.

🌿 넷, 변화의 능력이 있는 transformative 사랑

아가페에는 변화의 능력이 있다. 아가페를 받은 사람은 변화된다. 누가복음의 삭개오 이야기는 이 능력을 잘 보여준다.

> 삭개오가 일어서서 주님께 말하였다. "주님, 보십시오. 내 소유의 절반을 가난한 사람들에게 주겠습니다. 또 내가 누구에게서 강제로 빼앗은 것이 있으면, 네 배로 하여 갚아 주겠습니다."(눅 19:8)

삭개오는 자신을 아가페의 마음으로 바라보신 예수님의 눈길에 변화되었다. 삭개오는 돈을 위해 모든 것을 감수하며 살아온 사람이었는데, 아가페를 통하여 변화되고 나서 생명처럼 여기던 돈을 포기하게 되었다. 아가페는 돈보다

강하다. 아가페로 충만하면 누가 강요하지 않아도 자발적으로 결단하고 삶을 좋은 쪽으로 변화시킬 수 있다. 우리는 "아가페는 사람을 변화시킨다"는 이 원리를 믿고 사람을 만나고 대해야 한다. 사랑이 그 안에 충만하면 사람은 변화한다. 이것이 변화의 원리이다. 많이 퍼져 있는 잘못된 확신 중 하나는, 옳은 말이 사람을 변화시킨다는 것이다. 변화되기 원하는 사람에게 옳은 말을 해주려고 열을 내고 때론 화를 내는 사람이 많다. 그런 사람들은, 옳은 말을 해 주는 것이 사랑이라고 착각하고 있다. 우리는 삭개오 이야기에서 예수님께서 삭개오에게 아무런 말씀도 하지 않으셨다는 것을 기억해야 한다. 예수님께서는 사랑이 담긴 눈길로 삭개오를 그저 바라보셨다. 예수님을 보기 위해 나무 위에 올라갔던 그 짧은 순간이 드러낸 삭개오 내면의 아름다움을 예수님께서 알아봐 주시고 긍정해 주신 것이다. 그게 전부였다. 옳은 길을 몰라서 잘 살지 못하는 사람은 없다. 옳은 길을 살아낼 수 있는 힘이 없는 것 뿐이다. 그런 사람에게 옳은 말을 해주는 것은 정죄가 되고 비난이 될 뿐이다. 사랑은 따뜻한 기운을 나누어 주는 것이고 그것이 사람을 변화로 이끈다.

가족 구성원이나 이웃 누군가가 더 좋게 변화되기를 바라는가? 그렇다면 이 원리를 알아야 한다. 그의 변화를 위하여 우리가 줄 수 있고 할 수 있는 최고의 것은 아가페이다. 사람을 변화시키는 능력은 내 옳음이나 내 다른 무엇에 있는 것이 아니라, 하나님의 사랑에 있다. 아가페 사랑으로 힘을 다해 사랑해 주라. 더 따뜻하게 더욱 사랑하라.

🌿 다섯, 차고 넘치는 ^{πλήρωμα} 사랑

성경에서 흔히 "충만"으로 해석되는 단어가 플레로마 $πλήρωμα$이다. 플레로마는 가득 차 고여 있는 모습이 아니라, 차고 흘러 넘치는 모습을 말한다. 오병이어 이야기에서 남은 빵부스러기가 열두 바구니를 채우고 넘쳤다. 이때 넘치는 모습이 성경의 "충만"을 잘 보여준다.

> 빵 부스러기와 물고기 남은 것을 주워 모으니, 열두 광주리에 가득 찼다.(막 6:43)

이 구절에서 "가득 찼다"에 해당하는 단어는 플레로마의 복수 플레로마타^{πληρώματα}이다. 원어가 묘사하고 있는 그림은, 남은 빵 부스러기와 물고기 조각이 바구니에 가득 찬 정도에 그치는 것이 아니라 가득 차고 흘러넘치는 모습이다. 아가페의 마지막 특징이 플레로마이다. 아가페는 고여 있지 않고 차고 넘친다. 아가페는 그것을 받은 사람 안에 고여 있을 수 없다. 아가페는 그것을 받은 사람을 채워 변화시키고, 그 사람을 움직여 무엇인가 사랑을 표현할 수 있는 방식을 찾아 받은 사랑을 흘려보내게 한다. 아가페가 플레로마의 속성을 가지게 된 것은, 하나님의 속성 중 하나가 플레로마이기 때문이다. 하나님께서는 충만하신 분이시다. 정적으로 홀로 가득한 분이 아니라, 동적으로 그 가득함이 차고 넘치시는 분이다. 하나님의 충만이 예수 그리스도이시다. 요한복음은 육신이 되어 우리 가운데 거하시는 로고스에 대해 이렇게 증언한다.

> 그 말씀은 육신이 되어 우리 가운데 사셨다. 우리는 그의 영광을 보았다. 그것은 아버지께서 주신, 외아들의 영광이었다. 그는 은혜와 진리가 충만하였다.(1:14)

이 구절은 로고스를 "하나님의 외아들"이라 표현하였다. 로고스가 하나님의 "외아들"이라는 표현은 무슨 뜻인가?

아들딸과 같은 인간에게 있는 자식이 하나님에게도 있었다는 말인가? 그렇지 않다. "외아들"은 헬라어 모노게네스 μονογενής를 번역한 것인데, 모노게네스는 "유일하게"라는 뜻을 지닌 헬라어 "모노"μονο와 "낳다"beget라는 의미를 지닌 헬라어 겐나오γεννάω가 합하여진 단어이다. 그래서 그 뜻은 "유일하게 나신 분"이다. 영어 성경에서는 the only Son(NRSV, ESV)으로 번역한 경우도 있지만, 이보다는 the only-begotten(ASV, KJV)이 그 의미를 더 잘 드러낸다. 로고스가 "하나님께서 창조한 존재"가 아니라 "하나님으로 부터 나신 존재"라는 것을 강조하는 표현이다. 창조되지 않고, 하나님으로부터 나신 분은 오직 로고스 한 분이라는 점을 강조하는 표현이다. 로고스가 하나님으로부터 "나신" 분이라는 표현은, 하나님을 인간과 같은 존재로 이해하는 신인동형론anthropomorphism을 가지고는 이해가 불가능한 표현이다. 오직 "하나님은 영이시라" 요한복음 4장 24절 말씀을 이해할 때만 로고스가 하나님의 only-begotten이라는 표현을 이해할 수 있다. 로고스가 "유일하게 하나님으로부터 나신 분"only-begotten이라는 말씀은, 로고스가 하나님의 "충만"πλήρωμα이라는 말과 다르지 않다. 그렇기 때문에 화육하신incarnation 로고스인 예수 그리스도 안에 하나님의 은혜와 진리가 충만한 것이다. 하나님의 충만이신 로고스로부터 우리는 은혜에 은혜를 더하여 받는다.

> 우리는 모두 그의 충만함에서 선물을 받되, 은혜에 은혜를 더하여 받았다.(요 1:16)

예수님은 하나님의 충만이 화육하셔서 육이 되신 분이시다. 그분 역시 하나님의 속성을 따라 충만하여 차고 넘치신다. 그 안에 은혜와 진리가 차고 넘치고(요 1:14), 우리는 모두 그의 충만으로부터 은혜 위에 은혜를 더하여 받는다.(요 1:16) 이것이 아가페에 대한 이야기이다. 아가페는 충만하신 하나님으로부터 차고 넘쳐 예수그리스도를 통하여 우리에게 온 사랑이다. 이 사랑은 하나님의 속성을 따라 충만하다. 고여있지 않고 차고 넘친다.

성경이 우리에게 "우리도 사랑하라"고 명하시는 것은, 이 뜻이다. 받은 사랑을 가두어두지 말라. 흘려보내라.

위로부터 온, 대가를 바라지 않는, 조건 없는, 받은 사람을 변화시키는, 차고 넘치는 사랑. 이 사랑이 아가페이다. 우리가 이미 경험하여 알고 있는 사랑이다. 언어로 여기에 서

툴게 표현하나 그 사랑을 말에 다 담는 것은 불가능하다는 것을 안다. 어떤 사랑을 하며 살고 있는가? 아가페인가?

5
:

성령,

아가페의 영

여러분은 더 큰 은사를 열심히 구하십시오. 이제 내가 가장 좋은 길을 여러분에게 보여드리겠습니다. (고전 12:31)

🍀 성령이 충만하면

아래 문장의 괄호를 채워보자.

"성령이 충만하면 (   )"

빈 칸을 어떤 언어로 채우고 싶은가? 성령이 충만하면 우리에게 어떤 일이 일어날 것으로 기대하는가? 당신은 성령이 하시는 일을 무엇이라고 생각하는가?

내가 교회를 비운 주일에 내 모친이 나를 대신하여 설교하신 적이 있다. 신학을 공부하셨지만 평생 사모로 섬기신 어머니. 현역에 계시는 동안 한 번도 설교할 기회가 없었는데, 목회 일선에서 은퇴하신 이후 한 번쯤 기회를 마련하는 것이 어머니에게 의미 있고 성도들에게 유익하겠다 싶어 만든 자리였다. 교회로 돌아와 성도들에게 어머니의 설교에 관해 물어보니, "성령충만"에 대해 설교하셨다고 대답한다. 성령충만에 대해 무엇을 설교하셨냐고 물으니, 성도들이 이렇게 대답하였다. "성령이 충만하면 (   )"

다시 묻는다. 이 빈칸에 무엇을 넣고 싶은가? 어머니가 채우신 괄호는 이렇다. "성령이 충만하면 사람이 사랑스러워 견딜 수 없다!" 더 나아가, "성령이 충만하면 생명이 사랑스러워 견딜 수 없다!"

성경이 가르치는 성령론의 핵심이 이 문장에 들어 있다. 어머니는 평생을 성령의 충만 받기를 사모하며 살아오셨다. 성령의 능력으로 굴곡 많은 모진 인생을 이겨오셨다. 그런 분이 70세 정년 은퇴 후, 어쩌면 딱 한 번이 될지도 모르는 설교 자리에 서서 일평생의 경험을 요약하여 이렇게 말씀하신 것이다. "성령이 충만하면 사람이 사랑스러워 견딜 수 없다." 내 어머니께서는 삶의 생생한 경험을 통하여 성령에 대해 이렇게 말씀하셨다. 그런데 성경이 성령에 대해 가르치는 것을 한 문장으로 만들어 표현하면, 바로 이 문장이 된다. 이 한 문장은 성경이 가르치는 성령에 대한 짧고 멋진 요약이다.

❖ 장악과 동행

교회는 성령에 대해 자주 가르친다. 교단 교파에 상관없이 성령을 가르치고 성령충만을 사모하라고 권한다. 성도들 입장에서 보면, 아마도 교회에서 제일 많이 듣는 주제 중 하나가 성령일 것이다. 성령에 대해 많이 듣지만, 성령을 잘 이해하지 못하는 경우가 많다. 안타깝다. 예를 들어, 성령에 관하여 "성령이 충만하면 생명이 사랑스러워서 견딜 수 없다!"와 같은 이야기를 들어 본 적이 있는가? 성령에 대한 가르침의 바탕이 되는 본문은 놀라울 정도로 한쪽으로 편중되어 있다. 성경 안에는 성령에 대한 가르침이 많다. 신약의 경우는 대부분의 책이 성령에 대한 가르침과 증언을 담고 있다. 혹자는 구약의 모든 책에도 성령에 관한 증언이 담겨 있다고 주장하면서 그것을 책으로 펴내기도 하였다(Knowing the Holy Spirit Through the Old Testament by Christopher Wright). 그런데도, 성령이라는 주제를 말할 때 우리는 시선을 오직 사도행전 2장에 고정하고, 오순절 성령강림사건 안으로 성령에 대한 이해를 한정하는 경향이 아주 강하다. 그로 인해 우리는 성령에 대한 성경의 풍성한 증언을 무시한 채 빈약한 이해만을 가지는 데 그치게 되었다.

성령이 일하시는 방식에 대한 성경의 증언은 다양하다. 성령은, 사도행전 2장의 보도처럼 우리 안에 들어와 강력하게 일하셔야 할 때는 그렇게 일하신다. 오순절 성령강림 사건 때 성령은 한 사람 한 사람에게 "세찬 바람처럼"(2:2) 또 "불의 혀처럼"(2:3) 임하셔서 거기 있던 제자들을 장악하시고 그들의 혀를 움직여 다른 언어를 말하게 하셨다. 이렇게 일하시는 방식은, 성령이 임한 사람의 의사와는 무관하게 그 사람을 움직였다는 점에서 "장악"possession 모델이라 부를 수 있다. 이는 고대 문학에서 신이 현현하시는 한 가지 방식이기도 하다. 교회에서는 이 모델을 "성령께서 강권적으로 역사하신다"라는 식으로 표현한다. "강권"의 사전적 의미는 "내키지 아니한 것을 억지로 권함"이다. "장악"이나 "강권"의 공통점은, 우리의 의지와는 무관하게 혹은 반하는 방식으로 성령이 일하시는 모습을 설명한다. 이것이 사도행전 2장이 묘사하는 성령이 일하시는 방식의 특징이다.

그러나 성령께서 늘 사람들을 장악하시는 것은 아니다. 성령께서 일하시는 또 다른 모델은 "동행" 모델이다. 장악하는 것이 아니라 동행하신다. 요한복음은 성령이 예수님께 임하는 장면을 이렇게 묘사한다.

> 요한이 또 증언하여 말하였다. "나는 성령이 비둘기같이 하늘에서 내려와서 이분 위에 머무는 것을 보았습니다 …"(요 1:32)

성령이 예수님 위에 "머물렀다"는 증언에 주목하자. "머물렀다"는 표현은 사도행전 2장의 "장악" 모델이 묘사하는 성령의 모습과는 완전히 다른 모습이다. 가까이 있되, 장악하거나 강권하지 않는 모습이다. 이 구절에서 "위에"라는 뜻에 해당하는 헬라어는 $\dot{\epsilon}\pi\acute{\iota}$(에피)이다. 영어로 on, upon 뿐만 아니라 near로도 번역할 수 있는 전치사이다. 이 전치사는 "머물다" $\mu\acute{\epsilon}\nu\omega$(메노)는 동사와 함께 쓰여 일정한 거리감을 표현한다. 성령은 예수님께 임하였지만, 예수님 안으로 들어가지 않으시고, 일정한 거리를 유지하며 동행하신 것이다. 사복음서 모두 예수님께 임한 성령을 비둘기에 비유하였는데, 이 비유 역시 "친밀한 가운데 지켜진 일정한 거리감"을 표현하고 있다. 이 모델을 "동행" 모델이라 부르는 것이 좋겠다.

성령의 동행이라는 모델은 예수님에게만 해당하는 것은 아니다. 성경은 우리에게 임하신 성령도 강권적으로 장악하는 방식만이 아닌 동행하는 방식으로도 일하셨다고 증언한다. 바울의 서신 중 성령에 대하여 가장 많은 지면을 할애하여 토론하고 있는 로마서 8장을 보면 성령에 관한 이런 아름다운 구절이 있다.

> 바로 그 때에 그 성령이 우리의 영과 함께, 우리가 하나님의 자녀임을 증언하십니다. (롬 8:16)

"성령이 우리의 영과 함께!" 이 구절에서 "함께"라는 표현은 분명 "장악"하시는 성령의 활동 방식이 아니라, "동행"하시는 성령의 활동 방식을 표현하는 언어이다.

우리와 동행하시는 성령을 이렇게 볼 수 있다. 성령은 우리가 가야 할 방향에서 딱 한 걸음 앞서 동행하신다. 이제 막 걸음마를 떼기 시작한 어린아이를 격려하는 엄마가 서 있는 곳 말이다. 엄마는 뒤 돌아 아이를 보며 "걸음마, 걸음마!"를 연발한다. 박수와 환한 웃음으로 아이가 잘 걷도록 격려한다. 아이는 엄마의 목소리와 웃음이 좋아, 한 걸음 엄마가 있는 앞쪽으로 뒤뚱이는 걸음을 떼어 나아간다. 나는 이 상상을 "성령에 대한 걸음마 비유"라고 부르겠다. 엄마가 아기를 가장 확실하게 인도하는 방식은 손을 잡아 끌거나, 품에 안고 가는 방법일 것이다. "장악" 모델이다. 그러나 꼭 그래야만 하는 위기의 순간이 아니면, 이렇게 박수와 웃음으로 격려하여 아이가 자기 의지로 걸음을 옮기도록 "동행"하는 것이 훨씬 좋다. 느리지만 그래야 아이가 성장한다. 성령은 때로 우리를 장악하여 일하신다. 그러나 대부분의 경우는 우리와 동행하며 일하신다.

🍀 성령, 사랑의 영

로마서 8장은 성령을 "하나님의 영"이자 "그리스도의 영"으로 증언한다. 로마서 8장 9절 한 절 말씀에 이 두 표현이 모두 나타난다.

그러나 하나님의 영이 여러분 안에 살아 계시면, 여러분은 육신 안에 있지 않고, 성령 안에 있습니다. 누구든지 그리스도의 영이 없으면, 그리스도의 사람이 아닙니다.(롬 8:9)

성령이 "하나님의 영"이면서 동시에 "그리스도의 영"인 것이 문제가 되지 않는 것은 앞 장에서 설명한 것처럼 예수 그리스도는 하나님으로 부터 "나신"begotten 분이시기 때문이다. 창조된 분이 아니라 "나신" 분이기에 그 영은 분리되지 않는다.

"하나님의 영"이면서 동시에 "그리스도의 영"인 성령을 한마디로 표현하면 "사랑의 영"이다. 하나님은 사랑이시다.(요일 4:8) 사랑을 본질로 하는 분의 영이라면 그 영의 본질 또한 당연히 사랑인 것이다. 그리스도 예수 역시 사랑을 본질로 하신다. 예수 그리스도는 우리를 향한 하나님 사랑의 실증(롬 5:8)이다. 하나님으로부터 나신 분이 육신을 입고 오셔서 하나님의 사랑을 보여주셨다. 그러니 하나님의 영이자 그리스도의 영인 성령이 "사랑의 영"이라는 데는 두말할 필요가 없다. 성령이 "사랑의 영"이라는 말은 두 가지 의미를 갖는데, 아래에서 자세히 설명하고자 한다.

사랑받은 것을 알게 하는 영

성령이 "사랑의 영"이라는 뜻은 먼저, 성령은 "우리가 하나님의 사랑을 알게 하는 영"이라는 뜻이다. 앞에서 인용한 로마서 8장 16절의 말씀을 다시 인용해 보자.

> 바로 그 때에 그 성령이 우리의 영과 함께, 우리가 하나님의 자녀임을 증언하십니다.(롬 8:16)

성령이 우리의 영과 함께 하시는 일은 우리가 "하나님의 자녀"임을 증언하는 것이다. 하나님의 사랑은 무엇인가? 예수님뿐 아니라, 우리도 하나님의 자녀가 되도록 하신 것이 하나님의 사랑이다. 예수를 믿는 우리는 하나님의 자녀이다. 성령은 이것이 믿어지도록 우리에게 이것을 증언하시고 이에 대한 보증이 되어주셨다. 성령이 하시는 일을 하나님의 자녀 되게 하신 하나님의 사랑과 연결 지어 설명하는 구절은 로마서 8장 16절뿐만이 아니다. 같은 장 14절도 그렇고 갈라디아서 4장의 말씀도 다르지 않다.

> 하나님의 영으로 인도함을 받는 사람은, 누구나 다 하나님

의 자녀입니다.(롬 8:14)

그런데 여러분은 자녀이므로, 하나님께서 그 아들의 영을 우리의 마음에 보내 주셔서 우리가 하나님을 "아빠, 아버지"라고 부를 수 있게 하셨습니다. 그러므로 여러분 각 사람은 이제 종이 아니라 자녀입니다. 자녀이면, 하나님께서 세워 주신 상속자이기도 합니다.(갈 4:6-7)

"자녀 삼음"으로 표현된 하나님의 사랑에 대해 성령이 어떤 역할을 하는지 잘 드러내 주는 말씀은 에베소서 1장이다. 에베소서 1장 3절부터 14절 사이에는 복에 관한 아름다운 시가 한 편 소개되고 있다. 3절은 이 시의 서론인데, "주 예수 그리스도의 아버지께서 그리스도 안에서 우리에게 신령한 복으로 복 주셨으니 우리도 하나님을 찬양합시다"라는 내용이다. 이때 신령한 복은 "하나님의 자녀 되는 복"을 일컫는다. 4-6절은 이 복을 주시기 위하여 성부 하나님께서 하신 일을 묘사하고 있다. 여기에 복의 내용이 드러난다. "우리를 하나님의 자녀로 삼으시기로 예정하신 것입니다."(엡 1:5) 7-12절은 이 복을 주시기 위하여 성자 하나님께서 하신 일을 묘사한다. 예수의 "피로 구속 곧 죄 용서를 받게 되었"고, 그리스도 안에서 "상속자"가 되게 하셨다는 내용이다. 성자의 역할에 이어서 13-14절에는 이 복을 주시기 위하여 하신 성령의 역할이 드러난다.

> 이 성령은, 하나님의 소유인 우리가 완전히 구원받을 때까지 우리의 상속의 담보이시며 … (엡 1:14a)

우리에게 완전한 구원이 이루어지기 전에는, 우리가 하나님의 자녀라는 것이 느껴지지 않을 수 있다. 하나님의 자녀라는 말씀이 허황된 거짓말이라는 의심이 들 수도 있다. 성령은 그런 상황 안에서 우리가 하나님의 자녀라는 것을 보증해주는, 즉 그것이 믿어지고 느껴지도록 해주는 담보가 된다는 말씀이다. "담보"라는 뜻으로 쓰인 헬라어는 아라본 $\dot{\alpha}\rho\rho\alpha\beta\dot{\omega}\nu$인데, 영어로는 down payment, 한글로는 보증금으로 번역할 수 있다. 하나님의 자녀 됨과 연결하여 이 단어를 해석하면, 성령은 우리가 하나님의 자녀라는 것을 "미리 조금 맛보게 하는 역할"을 하신다고 할 수 있다. 성령이 우리가 하나님의 자녀라는 것을 보증한다는 말씀은 고린도후서에도 나온다.

하나님께서는 또한 우리를 자기의 것이라는 표로 인을 치시고, 그 보증으로 우리 마음에 성령을 주셨습니다.(고후 1:22)

완전한 구원이 이루어지면, 우리가 하나님의 자녀라는 진실이 자명하게 드러날 것이다. 그러나 그 전에 우리가 하나님의 자녀라는 것을 깨닫고 느끼고 믿을 수 있게 하시는 이는 성령이다. 우리가 이 땅을 사는 동안에는 성령으로 충분하다. 성령과 동행하면 이 땅에서 우리가 하나님의 자녀이다. 이렇게, 우리가 하나님의 자녀가 될 수 있게 하신 하나님의 크신 사랑을 알게 하고 믿게 하고 미리 맛보게 하는 것이 성경이 거듭 말하는 성령의 역할이다. "사랑의 영"이신 성령은 우리가 하나님의 사랑 받은 자임을 알게 하신다.

사랑하게 하는 영

성령이 "사랑의 영"이라는 말의 두 번째 뜻은 성령이 우리가 "사랑하도록 하는 영"이라는 뜻이다. 이 역할을 가장 잘 설명하는 구절은 고린도전서 12장 마지막 절이다. 마지막 절을 읽기 전에 먼저, 흔히 "성령의 은사장"이라 알려진 이 장이 열거한 성령의 은사를 살펴보자.

> 어떤 사람에게는 성령을 통하여 지혜의 말씀을 주시고, 어떤 사람에게는 같은 성령을 따라 지식의 말씀을 주십니다. 어떤 사람에게는 같은 성령으로 믿음을 주시고, 어떤 사람에게는 같은 성령으로 병 고치는 은사를 주십니다. 어떤 사람에게는 기적을 행하는 능력을 주시고, 어떤 사람에게는 예언하는 은사를 주시고, 어떤 사람에게는 영을 분별하는 은사를 주십니다. 어떤 사람에게는 여러 가지 방언을 말하는 은사를 주시고, 어떤 사람에게는 방언을 통역하는 은사를 주십니다. 이 모든 일은 한 분이신 같은 성령이 하시며, 그는 원하시는 대로 각 사람에게 은사를 나누어주십니다.(고전 12:8-11)

성령과 동행함으로 우리가 누리게 되는 은사는 지혜, 지식, 믿음, 치유, 기적, 예언, 영분별, 방언, 통역과 같은 것이다. 그런데 이런 은사를 나열한 후에 바울 사도는 고린도전서 12장의 마지막 절에서 이렇게 말한다.

> 여러분은 더 큰 은사를 열심히 구하십시오. 이제 내가 가
> 장 좋은 길을 여러분에게 보여드리겠습니다.(고전 12:31)

그리고 바로 이어지는 말씀은 사랑장으로 알려진 고린도전서 13장이다. 무슨 말인가. 사랑이야 말로 "더 큰 은사"요 "가장 좋은 길"이라는 말이다. 성령의 여러 은사가 있지만, 그중 가장 큰 은사, 가장 좋은 은사는 사랑이라는 말이다. 그러므로 우리는 이렇게 말할 수 있다. "성령이 충만하면 사람이 사랑스러워 견딜 수 없다!" 성령은 우리 같은 사람도 사랑하며 살 수 있게 하시는 영이다.

마찬가지로 갈라디아서 5장에 열거된 성령의 9가지 열매 중 사랑은 첫 번째로 온다.

> 성령의 열매는 사랑과 기쁨과 화평과 인내와 친절과 선함
> 과 신실과 온유와 절제입니다. 이런 것들을 막을 법이 없
> 습니다.(갈 5:22)

단지 이 한 절의 말씀만이 아니라, 갈라디아서 5장 전체가 논하는 것을 살펴보자. 17절에서 육체를 따라 사는 삶과 성령을 따라 사는 삶을 대립시키고 있다.

"육체의 욕망은 성령을 거스르고, 성령이 바라시는 것은 육체를 거스릅니다."(갈 5:17)

이어서 "이 둘은 서로 적대관계에 있다"는 말씀으로, 육체의 욕망과 성령을 따라 사는 삶의 대립이 필연적임을 분명히 한다. 육체의 욕망을 따라 살면서 동시에 성령의 인도하심을 받아 살 수는 없다. 갈라디아서 5장이 나열하는 육체의 욕망을 따라 사는 삶은 무엇인가? 19절 이하에 나열된 방종한 모습과 "서로 물어뜯고 잡아먹고"(15절) "잘난 체하고 서로 노엽게하고 질투하는"(26절) 모습이다. 여기에 대립하는 성령께서 인도하여 주시는 삶은 무엇인가? 딱 한마디로 진술되어 있다.

"사랑으로 서로 섬기십시오."(13절)

너무도 명백하지 않은가? 성령으로 충만한 사람은 어떤 사람인가? 사랑으로 서로 섬기는 사람이다. 명료성을 위해 줄여 말하면, 사랑하는 사람이다. "사랑의 영"이신 성령은 우리가 사랑하는 사람이 되게 하신다.

🌿 성령의 능력으로 사랑하며 사는 사람

  유대인이 율법을 지키는 사람이라면, 그리스도인은 성령을 따라 사는 사람이다. 유대인들만이 하나님의 백성으로 생각되던 시절 그들의 표지는 언약의 징표로 받은 율법을 지키는 것이었다. 하나님의 복음이 예수 그리스도를 통하여 나타난 이후로, 이제 믿는 자들의 새로운 정체성은 성령을 따라 사는 삶이다. 성령을 따라 산다는 것은 자기 욕망대로 사는 것이 아니라, 많은 사람을 위한 대속물로 자기를 내놓으신 예수 그리스도의 영을 따라 사는 것이다. 성령을 따라 사는 삶을 한마디로 말하면 사랑하는 삶이다. 그러므로 율법을 성령이 대신했다고 말할 수도 있고, 율법을 사랑이 대신했다고 말할 수도 있다. 성경은 후자의 방식으로 말한다.

> 사랑은 율법의 완성입니다.(롬 13:10b)

  이 문장은 율법과 사랑의 관계를 잘 보여주는데, 헬라어로는 이렇다.

πλήρωμα οὖν νόμου ἡ ἀγάπη. (플레로마 운 노무 헤 아가페)

앞 장에서 "충만"(플레로마)에 대해 설명하였다. 플레로마를 사용한 이 구절을 직역하면 이렇다.

> 그러므로 율법의 충만은 사랑입니다.

플레로마를 새번역이나 개정개역처럼 "완성"이라고 번역하기보다는, 일관성 있게 "충만"이라고 번역하는 것이 좋겠다. 그리고 성경에서 말하는 "충만"은 단지 가득 찬 모습을 묘사하는 것이 아니라, 차고 넘치는 모습을 묘사하는 언어라는 것을 기억하면 된다. 이런 이해를 가지고 이 구절을 읽으면 어떤 뜻으로 다가오는가? 사랑하면 율법을 넉넉히 다 이루고도 남는다는 뜻이다. 사랑이 모든 율법의 요구를 대신했다는 말이다. 이것을 가장 먼저 가르치신 분은 예수님이다.

> 예수께서 그에게 말씀하셨다. "'네 마음을 다하고, 네 목숨 다 하고, 네 뜻을 다하여, 주 너의 하나님을 사랑하여라' 하였으니, 이것이 가장 중요하고 으뜸 가는 계명이다. 둘

째 계명도 이것과 같은데, '네 이웃을 네 몸과 같이 사랑하여라' 한 것이다. 이 두 계명에 온 율법과 예언서의 본 뜻이 달려 있다."(마 22:37-40)

모든 율법서와 예언서가 사랑으로 요약된다는 가르침이다. 예수님의 이 말씀을 바울 사도도 갈라디아 교인들에게 한 적이 있다.

"율법은 '네 이웃을 네 몸과 같이 사랑하여라' 하신 한 마디 말씀 속에 다 들어 있습니다."(갈 5:14)

이 모든 성경구절들은 그리스도인들의 새로운 정체성에 대해 가르친다. 그리스도인들은 "사랑하는 사람들"이다. 물론 그 사랑은 아가페 사랑이다. 그리고 우리가 그 사랑을 알고 그 사랑으로 살게 하는 힘은 성령으로부터 온다. 성령의 능력으로 받은 사랑을 깨달아 알고, 성령의 능력으로 사랑하며 사는 사람. 이것이 그리스도인의 정체성이다.

6

믿음과 사랑의 변주곡

> 가장 중요한 것은, 믿음이 사랑을 통하여 일하는 것입니다.(갈 5:6b)

우리는 흔히 기독교의 본질은 "믿음"에 있다고 알고 있는 반면, "사랑"은 믿음에 딸려오는 윤리적 요구 정도로 이해하는 경향이 있다. "믿음"은 우리의 구원을 위해 꼭 충족되어야 하는 전제 조건으로 받아들이면서도, "사랑"에 대해서는 그런 중요성을 부여하지 않는다. "믿음"을 어떤 행위도 동반하지 않은 채 "마음으로 믿는 것"(롬 10:10)으로 해석하여 "오직 믿음"으로 얻는 구원이야말로 우리에게 아무 부담도 지우지 않는 기쁜 소식이라고 이해하는 반면, "사랑"은 우리에게 무거운 짐을 요구하는 부담스러운 명령으로 받아들인다. "믿음"이 중시되고 "사랑"은 경시된다. "믿음"과 "사랑"에 대해 이와 같은 태도를 가지고 신앙생활을 하니 바울 사도의 이 말씀은 공허하게 느껴진다.

그러므로 믿음, 소망, 사랑, 이 세 가지는 항상 있을 것인데, 그 가운데서 으뜸은 사랑입니다. (고전 13:13)

"믿음"의 맥락에서 "사랑"은 어떻게 이해해야 할까? 또 "사랑"의 관점에서 "믿음"은 어떻게 이해할 수 있나?

🍀 하나님의 의

기독교가 말하는 구원 사건을 한 편의 드라마로 이해해 보자. 이 드라마의 첫 번째 출연자는 하나님이다. 어떤 모습으로 출연하셨나? 하나님께서는 당신을 떠난 피조물 인간이 다시 그분께 돌아오길 간절히 원하고 계시는 모습으로 출연하셨다. 인간들이 돌아와서 하나님과 동행하고 동역하기를 바라신다. 이것이 성경이 증언하는 하나님의 마음이다. 하나님의 마음은 누가복음 15장 "돌아온 탕자 비유"에 나오는 아버지의 마음이다. 이 이야기 속의 아버지를 마음으로 그려보라. 떠난 아들이 돌아오길 바라면서 매일 마을 어귀에 나와 기다리고 있는 모습이다. 간절히 기다리다가,

돌아오는 아들을 멀리서 보았을 때 그 기쁨을 참지 못하고 달려 나와 목을 껴안고 입을 맞추며 기뻐하였다. 하늘 아버지의 마음도 이와 같다.

성경은 이 마음을 "하나님의 의"$^{δικαιοσύνη\ θεοῦ}$ 디카이오쉬네 쎄우라고 표현한다. "의"^{δικαιοσύνη} 디카이오쉬네라는 표현은 근대적 의미의 정의^{justice} 개념과 연결 지어 이해하기 쉽다. 하지만 이 "의"^{δικαιοσύνη} 디카이오쉬네는 구약 성경이 증언하는 한결같은 사랑, 친절, 인애를 담은 개념인 חֶסֶד (헤세드)에 가깝다. 이제 성경에서 "하나님의 의"라는 표현을 만나면, 돌아온 탕자 이야기에서 아버지의 심정을 생각하라. 떠난 아들을 잊지 못하고 돌아오길 기다리는 아버지의 간절한 마음, 한결같은 사랑의 마음, 그것이 "하나님의 의"이다. 소위 "돌아온 탕자의 비유"로 알려진 이 비유의 주인공은 사실 집 나간 아들을 한결같이 사랑하는 아버지이다. 이 비유는 하늘 아버지의 마음에 대한 비유인 것이다.

🍀 구원

하나님의 이 마음이 우리에게 이루어진 그 상태를 우리는 구원이라 부른다. 우리 입장에서 말하자면 구원은, 우리를 지으신 창조주 하나님께 돌아온 상태, 그래서 그분과의 관계가 회복된 상태를 말한다. 성경에서 구원은, 죽은 다음에 천국에 가는 것을 말하거나 암시하는 언어로 사용된 빈도보다 하나님과의 관계적 언어로 더 많이 사용되었다. 지으신 하나님과 지음 받은 인간이 사랑하는 사이로 관계를 회복하는 것이 구원이다. 구원이라는 드라마를 죽어서 천국 가는 이야기로 한정지어 이해하면, 성경의 많은 부분이 이해되지 않는다. 구원은 무엇보다도 하나님과의 관계 회복으로 이해해야 한다.

🍀 믿음의 첫 사람

하나님께서 간절히 찾는 사람은 이런 하나님의 마음에

호응하여, 창조주 하나님께 돌아와 하나님을 믿고 사는 사람이다. 이런 마음에 부응한 첫 사람이 아브라함이라고 성경은 증언한다. 아브라함이 하나님의 부르심에 응답하여 자신의 고향을 떠나 하나님께서 약속하신 땅으로 떠났을 때, 하나님께서는 이것을 아브라함의 믿음으로 보시고 아브라함을 믿음의 조상으로 세워주셨다. 하나님께서는 아브라함의 자손들도 아브라함처럼 하나님을 믿고 살 것을 기대하셨다. 그 징표로 율법을 주셨고 그것을 지켜 그들의 신실함을 표현하도록 하셨다. 그러나 이스라엘은 하나님을 믿고 살지 못하였다. 모두가 율법을 알았지만, 율법을 지키는 사람은 없었다. 이런 현실을 로마서 3장은 시편 여러 곳을 인용하여 이렇게 묘사한다.

> 의인은 없다. 한 사람도 없다. 깨닫는 사람도 없고, 하나님을 찾는 사람도 없다. 모두가 곁길로 빠져서, 쓸모가 없게 되었다. 선한 일을 하는 사람은 없다. 한 사람도 없다.(롬 3:10-12)

아브라함의 믿음을 의롭다 여겨주시고, 그 자손들을 하나님의 백성으로 인정해주셨던 하나님의 구원 계획은 난관에 부딪혔다. 하나님의 계획에 비해 인간은 늘 더 악하였기 때문이다.

🌳 예수 그리스도의 믿음

아브라함의 자손 중에 예수라는 이름을 가진 분이 있었다. 그는 로마 식민지 치하에서 태어나 그 백성이 겪던 모든 고생과 고난을 일찍이 경험한 팔레스타인의 청년이었다. 예수님은 지구별을 방문했던 모든 사람 중에서 하나님 아버지의 마음을 가장 깊이 이해하였다. 그에게는 하나님과 소통하는 깊은 영적 감수성이 있었다. 일찍부터 그는 하나님을 아버지라 불렀다. 예수님은 가장 철저하게 아버지 하나님을 믿고 살았다. 어느 정도로 하나님께 신실하였나? 십자가에 달려 당하는 죽음을 감당할 정도로 신실하였다. 죽기 직전 그가 드렸던 기도가 하나님을 향한 그의 신실함을 잘 보여 준다.

> 나의 아버지, 하실 수만 있으시면, 이 잔을 내게서 지나가게 해주십시오. 그러나 내 뜻대로 하지 마시고, 아버지의 뜻대로 해주십시오.(마 26:39)

예수 이야기를 하는 동안, 내가 "믿음"과 "신실함"을 같은 뜻으로 사용하고 있는 것을 알아차렸는가? 믿음이라고 흔히 번역된 피스티스$^{\pi\iota\sigma\tau\iota\varsigma}$라는 단어의 뜻은 신실함이다. 영어로 옮기면 faith보다는 faithfulness에 가깝다. 예수님께서 보이신 피스티스$^{\pi\iota\sigma\tau\iota\varsigma}$도 신실함^{faithfulness} 혹은 신의^{fidelity}로 이해하는 것이 좋다. 십자가에 죽기까지 하나님의 뜻을 끝까지 실천한 모습을 말한다. 아브라함이 보인 믿음보다 더 큰 믿음을 보인 예수님. 하나님께서 그가 보인 믿음을 받으시고 크게 감동하셨다. 하나님은 예수를 죽음에서 살려 일으키시고 하나님의 아들로 선포하셨다.

> 그의 아들을 두고 하신 말씀입니다. 이 아들은, 육신으로는 다윗의 후손으로 태어나셨으며, 성령으로는 죽은 사람들 가운데서 부활하심으로 나타내신 권능으로 하나님의 아들로 [확인되신, 지정되신, 지명되신] 확정되신 분이십니다.(롬 1:3-4)

하나님께서는 이 예수님의 믿음을 모든 사람을 구원하는 통로로 삼으셨다. 아브라함의 믿음을 보시고, 아브라함을 복의 통로로 삼으신 것과 마찬가지이다. 아브라함의 믿음을 보시고 그의 자손들을 하나님의 언약 백성으로 대우하신 것처럼, 예수님의 믿음을 보시고 그가 하나님 앞에서 전 인류를 대표하도록 하셨다. 하나님께서는 예수님이 보이신 믿음을 보시고, 그 믿음이 예수님 이전과 예수님 이후의 모든 인류를 대표하는 것으로 여기셨다. 한 사람의 완전한 믿음을 보시고, 모든 사람을 의롭다고 대접해 주기로 하신 것이다. 예수 그리스도께서 보이신 믿음이 인류 구원의 초석이 되었다.

> 그러니 한 사람의 범죄 행위 때문에 모든 사람이 유죄판결을 받았는데, 이제는 한 사람의 의로운 행위 때문에 모든 사람이 의롭다는 인정을 받아서 생명을 얻게 되었습니다.(롬 5:18)

해외의 도시 중에 로스엔젤레스만큼 한국 국가대표 태권도시범단이 많이 찾는 도시도 없을 것이다. 다운타운의 큰 공연장에서 국가대표 태권도 시범이 열리는 날에는 여러 인종적 배경을 가진 사람들이 공연장을 가득 채운다. 입이 딱 벌어지는 시범을 보고 돌아가는 시간, 공연장을 나서는 각 인종의 사람들이 한국인을 바라보는 눈은 달라져 있다. 한국 사람은 누구나 태권도를 잘할 것이라는 존경이 눈빛에 담겨 있다. 대표의 역할은 이런 것이다. 대표가 잘하면 모두 잘한 것으로 인정받는다. 이런 비유가 하나님께서 예수님을 하나님에 대한 인류의 대표로 여겨주셨다는 다소 생경한 표현을 이해하는 데 어느 정도 도움이 될 것이다.

🌿 구원의 드라마에서 예수님이 맡은 역할에 대한 신약의 비유들

"하나님의 의"가 인류 속에 이루어져 가는 구원의 드라마에서 예수 그리스도께서 맡으신 역할에 관해 성경은 다양한 이야기를 전한다. 대부분은 구약의 제사 관습에 비유하여 예수님의 역할을 설명한다. 제사에 필요한 것이 무엇인가? 제물과 제사장과 제단이다. 신약에는 이 제사에 필요한 이 세 요소들을 활용하여 구원의 드라마에서 예수께서 맡으셨던 역할이 무엇인지 설명한다.

요한복음은 예수님이 우리를 위한 제물이 되셨다고 설명한다.

> 다음 날 요한은 예수께서 자기에게 오시는 것을 보고 말하였다. "보시오, 세상 죄를 지고 가는 하나님의 어린 양입니다."(요 1:29)

히브리서는 예수님이 우리를 위한 대제사장이 되셨다고 설명한다.

> 그러나 그리스도께서는 이미 일어난 좋은 일을 주관하시는 대제사장으로 오셔서 손으로 만들지 않은 장막, 다시 말하면, 이 피조물에 속하지 않은 더 크고 더 완전한 장막을 통과하여 단 한 번에 지성소에 들어가셨습니다. 그는 염소나 송아지의 피로써가 아니라, 자기의 피로써, 우리에게 영원한 구원을 이루셨습니다.(히 9:11-12)

그리고 로마서는 예수님이 우리를 위한 제단이 되셨다고 설명한다. 로마서의 이 이야기는 좀 더 설명할 필요가 있다.

로마서 3:25은 아래와 같이 증언한다.

> 하나님께서는 이 예수를 속죄제물로 내주셨습니다. 그것은 그의 피를 믿을 때 유효합니다. 하나님께서 이렇게 하신 것은, 사람들이 이제까지 지은 죄를 너그럽게 보아주심으로써 자기의 의를 나타내시려는 것이었습니다.(롬 3:25)

이 구절에서 "속죄 제물"로 번역된 헬라어는 힐라스테리온^{ἱλαστήριον}하는이다. 힐라스테리온을 이처럼 "제물"로 번역하는 것이 틀렸다고 할 수는 없다. 그러나 일반적으로 당시 "제물"이라는 뜻으로 사용되던 단어로 같은 어근의 명사 힐라스모스^{ἱλασμός}가 있었다는 사실에 주목하여 보자. 제물이라는 뜻으로 사용하였다면, 왜 힐라스모스를 사용하지 않고 힐라스테리온을 사용했을까? 힐라스테리온이 가지고 있는 여러 뜻 중에 이 구절에서는 혹시 "제물" 말고 다른 뜻으로 사용되지는 않았는지 살펴볼 필요가 있다.

히브리서 9장에 의하면 지성소 안에 언약궤가 놓여 있었다. 이 언약궤 안에는 만나를 넣어둔 금 항아리, 아론의 싹난 지팡이, 언약을 새긴 두 돌판이 들어 있었다.(히 9:4) 이 셋은 모두 하나님에 대한 이스라엘의 원망과 불평과 불순종의 죄를 기억하게 하는 상징들이다. 민수기 16-17장, 출애굽기 16, 32장을 참고하라. 이 언약궤를 덮고 있는 위 뚜껑을 "속죄판"(새번역, 히 9:5)이라고 불렀는데, 이 뚜껑이 헬라어로 힐라스테리온^{ἱλαστήριον}이다. 히브리서 설명대로, 대제사장은 일 년에 한 차례 속죄 제물의 피를 들고 지성소에 들어가 언약궤의 위 뚜껑인 속죄판에 피를 바르는 예식을 행하였다.(히 9:7) 위에서 내려다 보시는 하나님께서 언약궤 안에 놓여 있는 이스라엘의 죄악의 상징들을 보고 진노하실 것인데, 힐라스테리온으로 언약궤를 덮고 그 위에 제물의 피를 바르니, 하나님께서 이스라엘의 죄악 대신 제물을 바친 정성을 보시고는 죄를 용서하신다는 논리이다. 이 힐라스테리온이라는 같은 단어에 대해 로마서는 "속죄제물"로, 히브리서는 "속죄판"으로 번역하였는데, 히브리서의 번역이 더 적절하다. 이를 염두에 두고 로마서 3장 25절을 읽으면 이런 말이 된다. 하나님께서 이 예수를 언약궤를 덮고 있는"속죄판"으로 내놓으셨다! 히브리서는 대제사장 되신 예수님이 염소와 황소와 암송아지 대신 자신을 제물로 드렸다고 설명한다.(히 10:10) 히브리서의 설명에서 예수님은 대제사장이시면서 동시에 제단(속죄판) 위에 스스로 바쳐진 제물이다. 그러나 로마서 3장의 설명에서 예수님의 역할은 히브리서와는 다르다. 하나님께서 금박 입힌 나무판에 불과한 기존의 "속죄판"을 치우고, 당신의 아들 예수의 찢긴 몸을 우리의 허물을 덮는 힐라스테리온(속죄판)으로 내놓으셨다는 말이다. 하나님의 아들이 속죄판이 되어 인간의 죄악을 덮고 있다. 더 이상 제사가 필요하지 않다. 십자가에 달린 하나님의 아들의 찢긴 몸이 속죄판이 되어 언약궤를 덮고 있다. 피 흘리는 그의 몸이 우리의 허물을 가리고 있다. 하나님께서 위에서 우리의 죄악 대신, 십자가에 달리기까지 신실하였던 예수의 찢긴 몸을 보셔서 인간의 죄를 너그럽게 여기심으로 하나님의 의를 이루었다. 하나님은 모든 인류를 대표하는 한 사람의 신실을 보시고, 인류 전체를 긍휼히 대하셨다.

제법 긴 설명을 하였지만, 내가 하고 싶은 말은 간단하다. 로마서 3장은 구원의 드라마에서 예수님의 역할을 제단(힐라스테리온 = 속죄판)에 비유하여 설명하였다는 것이다. 이상의 설명을 요약해보면 이렇다.

【예수님의 역할에 대한 제사 비유】

- 제물로 비유: 요한복음 1장과 히브리서 10장

- 제사장으로 비유: 히브리서 9장

- 제단으로 비유: 로마서 3장

비유는 세 종류이지만 비유를 통하여 설명하고자 하는 것은 하나이다. 하나님이 펼치신 구원의 드라마에서 예수 그리스도께서 감당한 역할을 알기 쉽게 설명하는 것이다. 그렇다면 이 비유가 가리키는 것은 무엇인가?

🌳 비유가 가리키는 것은?

예수님의 역할에 대한 모든 설명이 비유로 되어 있다. 비유에는, '비유하는데 사용된 언어'(비유의 언어)와 '비유를 받는 대상'(비유의 대상)이 있다. '비유의 언어'는 독자에게 친숙한 언어이다. 이 친숙한 언어를 통하여 낯설고 어려운 '비유의 대상'을 쉽게 설명하는 것이 비유의 목적이다. 예를 들어, 마태복음 13장의 겨자씨 비유에서 겨자씨는 '비유의 언어'

이고 하나님 나라는 '비유의 대상'이다. 겨자씨라는 쉬운 언어를 통하여 하나님 나라를 이해하기 쉽게 설명하는 것이 이 비유의 목적이다.

문제가 있다. 구원의 드라마에서 예수님께서 어떤 역할을 하였는지 늘 비유로만 설명하다보니, '비유의 언어'에는 친숙하여졌는데 막상 그 언어를 통하여 설명하고자 한 '비유의 대상'은 기억조차 하지 못하는 상황이 발생한 것이다. 1세기 독자들은 예수님의 비유를 들을 때 '비유의 언어'가 가리키는 '비유의 대상'이 무엇인지를 자연스레 깨달았다. '비유의 언어'가 워낙 그들에게 친숙하였기 때문에, 그것을 들었을 때 곧바로 그것이 가리키는 것이 무엇인지를 이해한 것이다. 그러나 현대의 독자들의 형편은 다르다. '비유의 언어' 자체가 친숙하지 못하여 이해하기 쉽지 않다. 형편이 그렇다 보니 비유를 이해하기 위해 '비유의 언어'부터 공부해야 한다. 예를 들어 보자. "예수님께서 우리를 대신하는 어린양이 되셔서 죽임 당하심으로 우리의 구원을 이루셨다"는 설명을 많이 들었을 것이다. 우리는 이 설명에 익숙하다. 문제는 이 설명을 이해하는 동안, 이 설명이 비유라는 것을 잊는다는 것이다. 이 비유가 가르키고 있는 예수님의 역할은 무엇인가? "세상 죄를 지고 가는 어린양"인가? 아니, 그것은 비유의 언어이다. 그 비유의 언어가 가리키는 예수님의 역할은 무엇이냐는 말이다. 우리는 의외로 이같은 질문을 던진 적이 없다. 심지어 왜 이런 질문을 던져야 하는지조차 의아해 한다.

인간의 몸을 입고 태어난 사람 중에 처음으로 하나님의 마음을 온전히 알고 죽기까지 신실하였던 예수를 전 인류의 대표로 하나님께서 인정하셨다고 앞에 설명한 바 있다. 예수께서 보여주신 그 신실함이 '비유의 대상'이다. 그 신실함의 절정에 예수님의 십자가 죽음이 있었다. 성경은 예수의 신실함을 제사의 언어를 사용하여 설명하였다. 제사 비유를 통하여 설명하고자 하는 것은, 예수의 믿음을 보시고 예수를 죽은 자 가운데서 살리신 하나님께서, 예수 뿐만 아니라 예수가 대표하는 전 인류도 예수와 마찬가지로 죽음에서 생명으로 옮겨가도록 하셨다는 말이다. 제물, 제사장, 제단의 비유를 통하여 설명하고자 하는 것은, 예수의 믿음 때문에 인류 전체의 구원의 가능성이 열렸다는 것이다.

로마서 3장 22절은 비유를 사용하지 않고도 이 드라마를 가장 아름다운 언어로 압축적으로 표현하였다.

하나님의 의는 예수 그리스도를 믿는 믿음을 통하여 오는 것인데, 모든 믿는 사람에게 미칩니다.(롬 3:22)

여기서 한 구절의 번역을 고쳐야 한다. "하나님의 의가 예수 그리스도를 믿는 (우리의) 믿음을 통하여 오는 것"이라고 되어 있는데 적절하지 않은 번역이다. 예수 그리스도의 믿음, 혹은 예수 그리스도가 보이신 믿음을 통하여 하나님의 의가 우리에게 도달하였다고 번역해야 한다. 이 장을 잘 읽었다면 왜 그렇게 번역해야 하는지 이해할 것이다. "하나님의 의가 예수 그리스도의 믿음을 통하여!" 이 짧은 한 구절은 제사 비유가 비유하는 바를 잘 요약하였다.

🌿 우리의 믿음

그런데 이 구원의 드라마에는 인간 역시 중요한 주인공이다. 예수의 믿음을 통하여 구원은 우리에게 가능태로 열렸다. 그러나 현실태가 된 것은 아직 아니다. 이 가능태가 어떻게 현실태가 되느냐? 우리가 예수의 믿음을 본받아 우리도 믿는 자가 될 때 구원은 우리에게 현실태가 된다. 그래서 로마서 3장 22절이 이렇게 이어지는 것이다. "하나님의 의가 예수 그리스도의 믿음을 통하여 모든 믿는 사람들에게!" 예수 그리스도께서 보이신 믿음을 통하여 자동으로 우리가 구원받는 것이 아니라, 우리도 예수처럼 믿음으로 살 때에 구원의 주인공이 될 수 있다는 것이다. 이렇게 이 성경 한 구절에 구원이라는 드라마의 등장인물 셋이 다 나오고 그들의 역할까지 다 담겨 있다.

"하나님의 의가 예수 그리스도의 믿음을 통하여 모든 믿는 자들에게!"(롬 3:22)

여기서 질문이 생길 수 있다. 그럼 우리도 예수만큼 신실해야 하나? 예수의 삶을 그대로 살아야 하는가? 만일 그렇다면, 예수가 우리의 복음이 된다는 말은 무슨 뜻인가? 결국 내 믿음이 나를 구원한다는 말인가? 이 질문들에 대해 어떻게 생각하는가? 하나님께서 우리에게 요구하시는 믿음은 결국 무엇인가? 이 질문에 대해 이렇게 생각해 보자. 예수께서는 하나님을 향해 가는 길을 내신 분이다. 예수님께서 이미 길을 내셨기 때문에, 우리가 다시 길을 낼 필요는 없다.

우리는 예수께서 내신 길 위에 올라서서 걸으면 된다. 우리가 걷는 길이 예수님께서 내신 길이고, 우리의 삶이 예수님을 따르는 것이라면, 우리가 얼마나 걸었는지는 중요하지 않다. 우리가 그 길 위에 있는 한, 하나님께서는 우리를 예수의 믿음을 가진 사람으로 인정해주신다. 예수님 뒤에 있으면 하나님의 의가 우리에게 미친다. 이것이 성경이 말하는 복음이다.

🍀 믿음과 사랑

아가페를 설명하는 책에서 믿음에 대해 상당한 지면을 할애하였다. 주제에 대한 혼동이 있었나? 그렇지 않다. 성경에서는 믿음과 사랑이 둘이 아니라 하나이다. 믿음을 잘 이해하는 것은 아가페를 잘 이해하는 데 도움이 된다.

앞에서 한 설명을 통하여 구원의 드라마를 관통하는 하나의 주제가 믿음이라는 것을 알았을 것이다. 우리에게 익숙한 번역은 "믿음"이지만, 원어 피스티스$^{\pi\iota\sigma\tau\iota\varsigma}$에 더 가까운 번역은 신실함이라는 것도 이해했을 것이다. 다시 로마서 3

장 22절로 돌아가 보자. 피스티스로 엮어보는 구원의 드라마는 이렇다.

- "하나님의 의가" ⇨ 여기서 하나님의 의는 무엇인가? 탕자 같은 인간이 돌아오길 기다리는 하나님의 한결같은 마음이다.

- "예수 그리스도의 믿음을 통하여" ⇨ 예수께서 보이신 믿음은 무엇인가? 하나님의 신실함을 알아드리고 그 신실함에 호응하는 신실함이다.

- "모든 믿는 자에게" ⇨ 우리에게 요청되는 것은 무엇인가? 예수의 신실함을 따르는 우리의 신실함이다.

이렇듯 구원이라는 드라마는 믿음에 관한 드라마이다. 하나님의 피스티스, 예수의 피스티스, 우리의 피스티스에 관한 드라마 말이다.

그런데, 이 드라마를 살짝 다른 각도에서 보면 이 드라마를 관통하는 주제가 아가페이기도 하다는 것을 알게된다.

- 하나님의 신실함은 무엇에 대한 신실함인가? 사랑에 대한 신실함이다. 하나님의 신실함은 하나님의 한결같은 사랑과 같은 말이다.

- 예수그리스도의 신실함은 무엇을 드러내었는가? 죽음을 감당한 그의 신실함을 통하여 하나님의 사랑을 우리에게 알려주었다.

- 이 드라마가 우리에게 요청하는 믿음은 무엇인가? 하나님의 의가 모든 믿는 자들에게 미친다고 하였는데, 믿는 자는 어떤 사람을 말하는가? 종교적 열정이 가득한 사람인가? 아니다. "사랑하는 사람"을 말한다. 예수님께서 우리에게 보여주신 것이 사랑이었듯, 예수를 따르는 우리도 사랑으로 살아가는데 있어서 신실하라는 것이다.

구원의 드라마에 등장하는 모든 신실함은 결국 사랑에 대한 신실함이다. 믿는 자에게 기대하는 행위는 사랑이다. 흔히 믿음과 행위가 대립된다고 말하는데, 그렇지 않다. 믿음에는 늘 행위가 동반된다. 잘 알려진 야고보서 2장 26절 말씀을 인용하는 대신 데살로니가전서 1장 3절을 인용하겠다. 데살로니가전서 1장에서 바울 사도는 데살로니가의 교인들의 이런 면에 대하여 하나님께 언제나 감사드리고 있다고 칭찬하여, 데살로니가 교인들을 세 가지 면에서 칭찬하고 있다. 그 세 가지는

"믿음의 행위와 사랑의 수고와 우리 주 예수 그리스도께 둔 소망을 굳게 지키는 인내"(살전 1:3)

이다. 여기서 "믿음의 행위"로 번역된 부분은 개역성경에서 "믿음의 역사"로 번역하여 혼란을 야기하였다. "믿음의 역사"는 "믿을 때 일어나는 역사", "믿음이 일으키는 역사"를 의미하는 것처럼 들린다. 그러나 그렇지 않다. 데살로니가전서 1장 3절에서 바울 사도가 칭찬한 것은, 믿고 나니 일어난 무슨 역사에 대한 것이 아니라 믿고 나서 믿음 때문에 한 행위에 관한 것이다. 믿음에 동반된 행위가 무엇이냐는 것이다. 데살로니가전서 1장 3절의 표현에서 "역사"로 번역된 헬라어 에르구(행위) 앞에 정관사가 온 점에 주의를 기울일 필요가 있다. 정관사가 행위 앞에 붙어 있다는 것은 그 행위가 많은 사람이 알 수 있는 한 가지 행위일 가능성이 높다는 말이다. 믿음에 따라오는 그 에르곤 ἔργον은 무엇인

가? 생각해 보자. 하나님을 믿고 예수 그리스도를 믿고 사는 우리에게 기대되는 행위가 무엇인가? 교회에 잘 나가고 예배에 잘 참석하는 것과 같은 종교적 행위인가?

이 질문에 대한 대답은 갈라디아서 5장에서 찾을 수 있다.

> 가장 중요한 것은, 믿음이 사랑을 통하여 일하는 것입니다.(갈 5:6b)

그 행위란 믿음이 사랑을 통하여 일하게 하는 것이다. 믿음에 따르는 행위는 아가페라는 말이다. 이렇게 믿음과 사랑은 연결되어 있다. 구원의 드라마는 믿음에서 시작한다. 그러나 믿음은 출발점일 뿐이다. 반드시 믿음은 사랑으로 이어져야 한다. 사랑하며 사는 삶은 구원이 확장되어 가는 과정이다. 구원의 현실이 여기 있다. 믿음이 사랑을 통하여 일할 때, 하나님에 대한 우리의 믿음이 서로 사랑, 이웃 사랑, 하나님 사랑으로 구체화될 때, 그곳에서 천국은 시작된다. 우리 삶이 하나님 사랑, 이웃 사랑, 서로 사랑으로 충만하다면 우리는 이미 천국을 살고 있는 것이다. 이렇게 사랑하기 위해 필요한 것은 무엇인가? 믿음이다.

아래의 두 구절의 성경 말씀은 "믿음"과 "사랑"의 이 관계를 잘 보여준다.

> 내가 진정으로 진정으로 너희에게 말한다. 내 말을 듣고 또 나를 보내신 분을 믿는 사람은, 영원한 생명을 가지고 있고 심판을 받지 않는다. 그는 죽음에서 생명으로 옮겨갔다.(요 5:24)

> 우리가 이미 죽음에서 생명으로 옮겨갔다는 것을 우리는 압니다. 이것을 아는 것은 우리가 형제자매를 사랑하기 때문입니다. 사랑하지 않는 사람은 죽음에 머물러 있습니다.(요일 3:14)

두 구절 모두 "죽음에서 생명으로 옮겨갔다"라는 표현을 통해, 우리가 이 세상에서 누리는 구원의 현실에 대해 말한다. 그런데 요한복음의 말씀은 "내 말을 듣고 나를 보내신 분을 믿는 사람들"에게 주어지는 현실이라고 증언하는 반면, 요한일서의 말씀은 "형제 자매를 사랑할 때" 주어지는 현실이라고 증언한다. 여기서 요한복음이 말하는 "믿음"이 요한일서에서는 형제자매에 대한 "사랑"으로 이해되고 해석된 것이다.

음악에서 같은 주제가 다른 방식으로 되풀이되어 연주되는 형식을 변주곡이라고 부른다. 처음부터 끝까지 굉장히 익숙한 주제가 반복되는데, 잘 들어보면 서로 다르다. 구원의 드라마는 변주곡이다. "믿음"과 "사랑"이라는 주제가 엮어가는 변주곡이다. "믿음"은 신실함이다. 다른 무엇이 아니라 "사랑"에 대한 신실함이다. "끝까지 사랑하는 것"이 "믿음"이다. 그래서 "믿음"은 "사랑"을 통하여 일하는 것이다. "사랑"하기 위해서는 "믿음"이 필요하다. "믿음"이 "사랑"을 가능하게 한다. "믿음"과 "사랑"은 구원이라는 궁극의 주제를 변주하는 두 가지 연주 방식이다.

7

:

아, 그래서

'사랑하라' 하셨네!

내가 내 모든 소유를 나누어줄지라도, 내가 자랑삼아 내 몸을 넘겨줄지라도, 사랑이 없으면, 내게는 아무런 이로움이 없습니다. (고전 13:3)

🍀 행복추구

누구나 행복하게 살고 싶어 한다. 인생은 한 번뿐이기 때문에, 인생을 행복하게 살고자 하는 바램은 간절하다. 그 간절함이 삶을 움직이는 동력이다. 우리는 이것을 하면 행복할 것 같아 이것을 하기도 하고, 저렇게 살면 행복할 것 같아 저렇게 살아보기도 한다. 문제는 이렇게 저렇게 살아보기는 하지만, 정말 무엇이 행복을 가져다 주는지, 행복을 위해 선택한 것이 정말 우리에게 행복을 가져다 주었는지 알 수가 없다는 것이다. 우리의 그 모든 노력은 그저 실험적일 뿐이다. 만일, 우리가 인생을 두 번 살 수 있다면 많은 것이 달라질 것이다. 한 번 살아보고 다시 살 수 있다면, 우리는 분명하고 확신 있게 알고 인생을 살 것이다. 내가 행복을 얻기 위해 시도했던 노력들 중에 정말 내게 행복을 가져다 준 것은 무엇인지 알테니 말이다. 그리고, 흔히 행복하기 위해 꼭 필요한 것이라고 생각했지만, 실제로는 별로 행복에 기여하지 못하였거나, 심지어 오히려 불행하게 한 것은 무엇인지를 알 수 있을 것이다. 그것을 분명히 알고 인생을 산다면 우리가 행복하게 살 수 있는 가능성이 훨씬 높을텐데. 그런데 안타깝게도 인생을 두 번 사는 사람은 없다. 모두 한 번 살 뿐이다. 그러니 인생은 늘 실험적이다. 그래서 요즘 유행하는 말이 소확행이다. 무라카미 하루키가 30년 전에 만든 말인데 요즘 더 많이 사용된다. 작지만 확실한 행복. 소확행이 유행한다는 것은, 행복을 바라지만 행복에 이르는 길을 알지 못하는 우리의 실존을 반증하는 것이다.

    행복에 이르는 길을 알고 있는가? 순간의 행복에 이르는 길을 알고 있는 사람은 제법 있을 것이다. 그러나 인생의 행복에 이르는 길을 알고 있다고 말할 수 있는 사람은 많지 않을 것이다. 마치 우리가 인생을 두 번 사는 듯, 우리 인생 전부를 기록하여서 우리 앞에 쫙 펼쳐 놓고, 우리가 언제, 무엇 덕분에 행복을 느꼈는지 분석할 수만 있다면, 나는 행복에 이르는 길을 알고 있다고 대답할 사람이 많을 텐데 말이다.

🟢 하버드 실험

　하버드 대학에서 한 실험을 진행하였다. 1938년부터 두 그룹으로 이루어진 724명의 남성들을 자그마치 75년 동안 연구해 왔으니, 인류 역사상 사람을 대상으로 진행한 실험 중에는 가장 긴 시간 동안 가장 많은 돈을 들여 진행한 프로젝트일 것이다. 한 그룹은 1938년 당시 하버드대학 2학년 학생들이었고, 다른 한 그룹은 보스턴의 빈민가 출신의 소년들이었다. 매 2년마다 전문적 훈련을 받은 연구원들이 이들을 대상으로 전화 심층 인터뷰를 진행하고, 찾아가서 대면 인터뷰도 진행하고, 의료기록을 분석하고, 혈액검사를 통해 건강상태를 체크하고 CT 촬영으로 뇌를 분석하기도 하고, 자녀들을 인터뷰하고, 아내와 심각한 이야기를 나누는 모습을 비디오로 찍어 분석하기도 했다. 가능한 모든 방법으로 다각적인 접근을 하여 이 두 그룹에 속한 724명을 분석하였는데, 분석의 목적은 하나, 행복에 이르는 길을 찾는 것이었다. 이렇게 얻어낸 수만 페이지의 데이터를 분석하여 행복에 이르는 길이 무엇인지 찾아냈다. 무엇일까?

　이 실험의 네 번째 디렉터인 로버트 월딩어Robert Waldinger

는 Ted Talk 2015년 11월 에피소드 "Whats makes a good life?: Lessons from the longest study on hapiness"에 출연하여 그들이 찾아낸 것을 공개했다. 긴 실험 기간에 비하면 찾아낸 결론은 아주 단순하여 한 문장에 불과하다.

> Good relationships keep us happier and healthier. period.
> 좋은 인간관계를 가진 사람이 더 행복하고 건강하다.
> 그게 전부다.

우리를 건강하고 행복하게 만드는 것은 돈도 아니고 명예도 아니고 그 어떤 다른 것도 아니고, 좋은 인간관계라는 말이다. 이어서 이 연구는 인간 관계에 대한 세 가지 결론을 도출하였다.

1) 사회적으로 연결되어 있는 것, 즉 인간관계를 가지고 있는 것이 행복에 있어서 제일 중요한 반면 고독은 행복의 적이다.

2) 어떤 인간관계가 중요한가? 인간관계가 넓고 친구가

많다고 행복한가? 아니다. 오히려 친밀한 사람들과의 인간관계의 질quality of close relationships이 행복을 결정짓는다. 비록 수는 많지 않다고 하더라고 친밀한 사람들 사이에서 정말 좋은 관계를 형성하고 있을 때, 그 사람이 제일 행복한 사람이다. 행복하다는 것은 단지 감정이 아니라 건강에도 그대로 나타나는데, 그런 사람이 노년에 제일 건강하다. 설사 육체적으로 고통을 받더라도 마음으로는 행복을 느낀다.

3) 인간관계가 가져다준 행복은 단지 감정과 육체만 지켜주는 것이 아니라 우리의 뇌까지 건강하게 만들어준다.

이 실험의 결과가 크게 와 닿는다. 결국 인간 관계가 행복에 이르는 길이고, 관계 중에서도 친밀한 관계의 질적인 수준이 행복을 결정한다고 한다는 것이 75년간 724명을 행복이라는 키워드로 면밀하게 분석하여 내린 결론이다. 이 실험 결과를 들으면서 한 가지가 분명하게 깨달아져 고개가 저절로 끄덕여지는 것이 있다.

"아 그래서 예수님께서 사랑하라 하셨구나!"
"아 그래서 예수님께서 사랑의 멍에를 메라고 하셨구나!"

하버드의 연구결과는 그것을 "친밀한 인간관계"라 부르지만, 우리는 그것을 "사랑"이라고 부른다. 친밀한 관계 속에서 질적으로 높은 인간관계가 행복을 좌우한다고 하는데, 질적으로 가장 높은 인간관계는 다름 아닌 사랑이다. 이 실험의 결과를 우리 언어로 바꾸면, "사랑하고 사랑받고 살면 가장 행복하다"는 것이다. 돈이나 명예처럼, 행복을 누리는 데 꼭 필요하다고 세상이 말하는 그런 것이 아니라, 사랑이 행복의 비밀이라는 말이다. 놀랍지 않은가! 75년간의 실험, 인간의 삶을 대상으로 한 가장 오래 지속된 이 실험의 결론이 사랑이라는 것이!

❈ 사랑의 계명

우리가 가끔 간과하는 것은, "사랑하라"는 말씀이 예수님의 "명령"이라는 것이다. 예수님께서 "사랑하라" 하셨다.

이것은 권면도 아니고 제안도 아니고 명령이다. 그래서 "계명"이라 부른다. 예수님께서는 "사랑하라"는 계명 앞에 "가장 중요한"이라는 수식어도 붙여주셨고, "내가 주는 새 계명"이라는 표현도 사용하셨다. 계명은 무엇인가? 꼭 지켜야 하는 명령이라는 말씀이다. 예수님께서 명하신 서로 사랑, 하나님 사랑, 이웃 사랑은 단순한 권면이 아니다. 하고 싶으면 하고 하기 싫으면 말아도 되는 그런 제안도 아니다. 명령법을 사용하여 명하신 계명이다. 예수님께서 명하셨다, "사랑하라!" 이것이 구약의 모든 율법을 대신하는 하나의 계명이다. 그 사랑의 대상으로 "하나님", "이웃", "서로", 이렇게 셋을 주신 것이지 명령 자체는 하나이다. 사랑하라! 어디에 방점을 찍고 들어야 하는가? "하라!"에 방점을 찍고 이 명령을 청종하자.

그래서 이 계명을 표현하는 가장 좋은 표현은 멍에이다. 예수님의 멍에는 다름 아니라 사랑의 멍에이다. 그 멍에는 우리가 힘들어도 져야 한다.

> 수고하며 무거운 짐을 진 사람은 모두 내게로 오너라. 내가 너희를 쉬게 하겠다. 나는 마음이 온유하고 겸손하니, 내 멍에를 메고 나한테 배워라. 그리하면 너희는 마음에

쉼을 얻을 것이다. 내 멍에는 편하고, 내 짐은 가볍다."(마 11:28-30)

주님께서는 어째서 완전히 멍에에서 해방시켜 주시지 않고, 주님의 멍에를 지라고 하셨는가? 크고 무거운 멍에를 벗어버린 후 다시 지는 예수님의 멍에는 단지 작고 가벼운 멍에인가? 그런 의문이 들었는데 이제 다 풀렸다. 하버드대학의 75년간의 실험을 통하여 밝혀진 놀라운 것은, 예수님의 멍에는 메면 맬수록 우리에게 행복을 준다는 것이다. 이 멍에는 메면 멜수록 행복해진다. 그래서 예수님께서 내 멍에는 쉽고 내 짐은 가볍다 하신 것이다. 그래서 예수님께서 우리에게 이 멍에를 메라 하신 것이다. 예수님은 우리에게 이 멍에를 통하여 행복하게 사는 복을 주셨다. 이 멍에를 지면 행복하다.

🌸 신앙의 네 유형

잠시 다른 이야기로 넘어가야겠다. 신앙의 어떤 측면을 강조하느냐에 따라 신앙생활은 네 가지 유형으로 나눌 수 있다.

1) 전통적: 신앙이 하나의 전통이 되어서, "왜 믿냐?", "왜 그것을 하느냐?" 묻지 않고 신앙생활이 삶의 일부로 녹아 있는 경우.

2) 신비적 경험적: 어떤 신비적 체험을 통하여 신앙을 받아들이고 그것을 추구하는 경우.

3) 합리적 지식적: 신앙을 합리적으로 이해하고 지식적으로 접근하려는 경우.

4) 윤리적: 다른 무엇보다 바른 삶이 중요한 경우.

사람마다 신앙생활의 경험에 따라 강조점이 달라진다.

어떤 유형의 신앙생활을 하고 있는가? 정통 교회들은 첫 번째와 두 번째 유형이 강하고 세 번째 유형이 다소 약하다. 네 번째 유형이 약한 경우도 많다. 반면 이단의 도전은 주로 세 번째와 네 번째 유형에서 온다. 한가지 기억해야 할 것은, 이 네 가지 분류는 신앙생활 유형에 따른 임의적 분류이지, 이 중 어떤 강조점도 신앙의 본질은 되지 못한다는 것이다. 전통이 신앙의 본질이 될 수도 없고, 신비 경험이 신앙의 본질일 수 없으며, 지식이 신앙의 본질일 수 없고, 윤리가 신앙의 본질이 될 수도 없다는 말이다.

그래서 고린도전서 13장 사랑장은 이렇게 시작한다. "천사의 말을 할 수 있을지라도 …"(고전 13:1) 이 말은 "신비적 경험을 하였다 할지라도"(두 번째 유형)와 같은 말이다. "그렇다 할지라도", 바울 사도는 이어서 말하길, "내게 사랑이 없으면, 울리는 징이나 요란한 꽹과리가 될 뿐"이란다. 합리적 지식적 신앙(세 번째 유형)에 대해서도 말한다. "모든 비밀과 모든 지식을 가지고 있을지라도"(고전 13:2) 그렇다 할지라도, "사랑이 없으면 아무 것도 아니"라고 바울 사도는 고백한다. 이어지는 3절은 윤리적 신앙 유형(네 번째 유형)에 대한 말씀으로 받아들일 수 있다.

내가 내 모든 소유를 나누어줄지라도, 내가 자랑삼아 내 몸을 넘겨줄지라도, 사랑이 없으면, 내게는 아무런 이로움이 없습니다.(고전 13:3)

예수님의 계명을 이해하고 그것을 신앙의 본질로 붙들고 평생 그것을 살아내기 위해 분투한 바울 사도는, 다른 무엇이 아니라 "아가페" 사랑이야 말로 우리가 추구해야할 신앙의 본질이라는 점을 선언한 것이다. 경험과 지식과 윤리, 그리고 전통까지, 사랑의 표현이어야 의미 있는 것이지, 그렇지 않다면 아무 소용이 없단다. 예수님의 계명이 이러하고, 바울 사도의 가르침이 이러할진데, 우리는 무엇을 중심으로 신앙생활하고 있는가? 스스로 물어보며 우리의 삶과 신앙을 돌아보자.

🍀 사랑하면 하나님이 우리 가운데 계신다

아래의 요한일서 4장 말씀에 귀기울여 보자.

사랑하는 여러분, 하나님께서 이렇게까지 우리를 사랑하셨으니, 우리도 서로 사랑해야 합니다. 지금까지 하나님을 본 사람은 없습니다. 그러나 우리가 서로 사랑하면, 하나님이 우리 가운데 계시고, 또 하나님의 사랑이 우리 가운데서 완성된 것입니다.(요일 4:11-12)

신앙의 본질이 무엇인지에 관하여 이 본문보다 더 분명하게 제시해 주는 본문은 없다. 본문은 이렇게 말한다. 사랑하라! 그리하면 1) 하나님께서 우리 가운데 계시고, 2) 하나님의 사랑이 우리 안에서 완성된다. 하나님이 우리 안에 계신다는 표현은 하나님과 우리의 연합을 말한다. 하나님과의 연합이 신앙의 본질이다. 하나님을 떠난 인간이 하나님께 돌아가 하나님과 연합하는 것이야 말로 구원의 현존이다. 예수를 믿는다는 것은 예수 그리스도를 통하여 하나님과의 연합에 도달하는 것이다. 하나님과의 연합이 이렇게 귀한 것이기 때문에, 요한복음의 예수님께서는 고별설교와 기도를(요14-17장) 통하여 이 연합에 대해 세 번이나 말씀하신 것이다.

> 그 날에 너희는, 내가 내 아버지 안에 있고, 너희가 내 안에 있으며, 또 내가 너희 안에 있음을 알게 될 것이다.(요 13:20)

> 누구든지 나를 사랑하는 사람은 내 말을 지킬 것이다. 그리하면 내 아버지께서 그 사람을 사랑하실 것이요, 내 아버지와 나는 그 사람에게로 가서 그 사람과 함께 살 것이다.(요 13:23)

> 아버지, 아버지께서 내 안에 계시고, 내가 아버지 안에 있는 것과 같이, 그들도 하나가 되어서 우리 안에 있게 하여 주십시오.(요 17:21)

이런 명시적인 말씀에 더하여, 포도나무 비유 역시 같은 내용을 비유로 말씀한다. 비유의 결론은 이와 같다.

너희가 내 계명을 지키면, 내 사랑 안에 머물러 있을 것이다. 그것은 마치 내가 내 아버지의 계명을 지켜서, 그 사랑 안에 머물러 있는 것과 같다.(요 15:10)

예수라는 참 포도나무에 잘 붙어 있는 가지는 예수님의 사랑 안에 머물러 있고, 결국은 예수님이 머물러 있는 하나님의 사랑 안에 그도 머물게 된다는 말씀이다. 이처럼, 요한복음의 고별설교와 고별기도에서 가장 중시하여 말씀하신 것이 하나님과의 연합이다. 우리가 어떻게 하나님과 연합할 수 있는가? 요한일서의 답은 "사랑하라, 그리하면" 이다. 더구나, 사랑하면 예수 그리스도를 통하여 우리에게 보여주신 하나님의 사랑이 우리 안에서 완성된다.

신앙의 중심에 무엇이 와야 하는가? 경험인가, 지식인가, 윤리인가, 전통인가? 모두 아니다. 신앙의 중심은 사랑이다. 그 어떤 것도 사랑을 대신하지 못한다. 그러므로 사랑의 짐과 멍에를 기꺼이 지자. 하버드 실험과 이 장의 말씀들은 공통적으로 이렇게 약속한다. 그 짐을 진 사람들은 행복하다!

🌿 "사랑하라!" 성구

사랑이 신앙의 본질이고 중심이다. 그래서 성경 안에는 놀라울 정도로 많은 사랑에 관한 말씀이 있다. 사랑하며 살라는 명령도 있고, 어떻게 사랑하며 살아야 하는지를 알려주는 권면도 있다. 신약을 읽으며 눈에 띄는대로 적어보니 아래와 같다. 특별한 순서 없이 적어 보았다.

율법학자들 가운데 한 사람이 다가와서, 그들이 변론하는 것을 들었다. 그는 예수가 그들에게 대답을 잘 하시는 것을 보고서, 예수께 물었다. "모든 계명 가운데서 가장 으뜸 되는 것은 어느 것입니까?" 예수께서 대답하셨다. "첫째는 이것이다. '이스라엘아, 들어라. 우리 하나님이신 주님은 오직 한 분이신 주님이시다. 네 마음을 다하고, 네 목숨을 다하고, 네 뜻을 다하고, 네 힘을 다하여, 너의 하나님이신 주님을 사랑하여라.' 둘째는 이것이다. '네 이웃을 네 몸 같이 사랑하여라.' 이 계명보다 더 큰 계명은 없다."(막 12:28-31)

이제 나는 너희에게 새 계명을 준다. 서로 사랑하여라. 내가 너희를 사랑한 것 같이, 너희도 서로 사랑하여라. 너희가 서로 사랑하면, 모든 사람이 그것으로써 너희가 내 제자인 줄을 알게 될 것이다.(요 13:34-35)

내가 너희에게 이러한 말을 한 것은, 내 기쁨이 너희 안에 있게 하고, 또 너희의 기쁨이 넘치게 하려는 것이다. 내 계명은 이것이다. 내가 너희를 사랑한 것과 같이, <u>너희도 서로 사랑하여라</u>. 사람이 자기 친구를 위하여 자기 목숨을 내놓는 것보다 더 큰 사랑은 없다. 내가 너희에게 명한 것을 너희가 행하면, 너희는 나의 친구이다. 이제부터는 내가 너희를 종이라고 부르지 않겠다. 종은 그의 주인이 무엇을 하는지를 알지 못한다. 나는 너희를 친구라고 불렀다. 내가 아버지에게서 들은 모든 것을 너희에게 알려 주었기 때문이다 … 내가 너희에게 명하는 것은 이것이다. <u>너희는 서로 사랑하여라</u>.(요 15:11-17)

사랑하는 여러분, 내가 여러분에게 써 보내는 것은, 새 계명이 아니라, 여러분이 처음부터 가진 옛 계명입니다. 그 옛 계명은 여러분이 들은 그 말씀입니다. 나는 다시 여러분에게 새 계명을 써 보냅니다. 이 새 계명은 하나님께도 참되고 여러분에게도 참됩니다. 어둠이 지나가고, 참 빛이 벌써 비치고 있기 때문입니다. 빛 가운데 있다고 말하면서 자기 형제자매를 미워하는 사람은 아직도 어둠 속에 있습니다. 자기 형제자매를 사랑하는 사람은 빛 가운데 머물러 있으니, 그 사람 앞에는 올무가 없습니다. <u>자기 형제자매를 미워하는 사람</u>은 어둠 속에 있고, 어둠 속을 걷고 있으니, 자기가 어디로 가는지를 알지 못합니다. 어둠이 그의 눈을 가렸기 때문입니다.(요일 2:7-11)

그리스도께서 우리를 위하여 자기 목숨을 버리셨습니다. 이것으로 우리가 사랑을 알게 되었습니다. 그러므로 <u>우리도 형제자매를 위하여 목숨을 버리는 것이 마땅합니다</u>. 누구든지 세상 재물을 가지고 있으면서, 자기 형제자매의 궁핍함을 보고도, 마음 문을 닫고 도와주지 않으면, 어떻게 하나님의 사랑이 그 사람 속에 머물겠습니까? 자녀 된 이 여러분, 우리는 말이나 혀로 사랑하지 말고, <u>행동과 진실함으로 사랑합시다</u>.(요일 3:16-18)

사랑하는 여러분, <u>서로 사랑합시다</u>. 사랑은 하나님에게서 난 것입니다. 사랑하는 사람은 다 하나님에게서 났고, 하나님을 압니다. 사랑하지 않는 사람은 하나님을 알지 못합니다. 하나님은 사랑이시기 때문입니다. 하나님의 사랑이 우리에게 이렇게 드러났으니, 곧 하나님이 자기 외아들을 세상에 보내주셔서 우리로 하여금 그로 말미암아 살게 해주신 것입니다. 사랑은 이 사실에 있으니, 곧 우리가 하나님을 사랑한 것이 아니라, 하나님이 우리를 사랑하셔서, 자기 아들을 보내어 우리의 죄를 위하여 화목제물이 되게 하신 것입니다. 사랑하는 여러분, 하나님께서 이렇게까지 우리를 사랑하셨으니, 우리도 서로 사랑해야 합니다. … 우리가 사랑하는 것은 하나님이 우리를 먼저 사랑하셨기 때문입니다. 누가 하나님을 사랑한다고 하면서, 자기 형제자매를 미워하면, 그는 거짓말쟁이입니다. 보이는 자기 형제자매를 사랑하지 않는 사람이 보이지 않는 하나님을 사랑할 수 없습니다. <u>하나님을 사랑하는 사람은 자기 형제자매도 사랑해야 합니다</u>. 우리는 이 계명을 주님에게서 받았습니다.(요일 4:7-20)

<u>서로 사랑하는 것</u> 외에는, 아무에게도 빚을 지지 마십시오. 남을 사랑하는 사람은 율법을 다 이룬 것입니다. "간음하지 말아라. 살인하지 말아라. 도둑질하지 말아라. 탐내

지 말아라" 하는 계명과, 그 밖에 또 다른 계명이 있을지라도, 모든 계명은 "네 이웃을 네 몸과 같이 사랑하여라" 하는 말씀에 요약되어 있습니다." 사랑은 이웃에게 해를 입히지 않습니다. 그러므로 사랑은 율법의 완성입니다.(롬 13:8-10)

또, 우리가 여러분을 사랑하는 것과 같이, 주님께서 여러분끼리 서로 나누는 사랑과 모든 사람에게 베푸는 여러분의 사랑을 풍성하게 하고, 넘치게 해 주시기를 빕니다.(살전 3:12)

형제자매 여러분, 하나님께서는 여러분을 부르셔서, 자유를 누리게 하셨습니다. 그러나 여러분은 그 자유를 육체의 욕망을 만족시키는 구실로 삼지 말고, 사랑으로 서로 섬기십시오. 모든 율법은 "네 이웃을 네 몸과 같이 사랑하여라" 하신 한 마디 말씀 속에 다 들어 있습니다.(갈 5:13-14)

그러나 성령의 열매는 사랑과 기쁨과 화평과 인내와 친절과 선함과 신실과 온유와 절제입니다. 이것들을 막을 법이 없습니다.(갈 5:22-23)

그리스도 예수 안에서는, 할례를 받거나 안 받는 것이 문제가 되는 것이 아닙니다. 가장 중요한 것은, 믿음이 사랑을 통하여 일하는 것입니다.(갈 5:6)

또 우리는 하나님 우리 아버지 앞에서 여러분의 믿음의 행위와 사랑의 수고와 우리 주 예수 그리스도께 둔 소망을 굳게 지키는 인내를 언제나 기억하고 있습니다.(살전 1:3)

여러분은 서로 남의 짐을 져 주십시오. 그렇게 하면 여러분이 그리스도의 법을 성취하실 것입니다.(갈 6:2)

그래서 몸에 분열이 생기지 않게 하시고, 지체들이 서로 같이 걱정하게 하셨습니다. 한 지체가 고통을 당하면, 모든 지체가 함께 고통을 당합니다. 한 지체가 영광을 받으면, 모든 지체가 함께 기뻐합니다.(고전 12:25-26)

사랑에는 거짓이 없어야 합니다. 악한 것을 미워하고, 선한 것을 굳게 잡으십시오. 형제의 사랑으로 서로 다정하게 대하며, 존경하기를 서로 먼저 하십시오. … 성도들이 쓸 것을 공급하고, 손님 대접하기를 힘쓰십시오. 여러분을 박해하는 사람들을 축복하십시오. 축복을 하고, 저주를 하지 마십시오. 기뻐하는 사람들과 함께 기뻐하고, 우는 사람들과 함께 우십시오. 서로 한 마음이 되고, 교만한 마음을 품지 말고, 비천한 사람들과 함께 사귀고, 스스로 지혜가 있는 체하지 마십시오. 아무에게도 악을 악으로 갚지 말고, 모든 사람이 선하다고 생각하는 일을 하려고 애쓰십시오. 여러분 쪽에서 할 수 있는 대로 모든 사람과 더불어 화평하게 지내십시오.(롬 12:9-18)

그러므로 그리스도 안에서 여러분에게 무슨 격려나, 사랑의 무슨 위로나, 성령의 무슨 교제나, 무슨 동정심과 자비가 있거든, 여러분은 같은 생각을 품고, 같은 사랑을 가지고, 뜻을 합하여 한 마음이 되어서, 내 기쁨이 넘치게 해주십시오. 무슨 일을 하든지, 경쟁심이나 허영으로 하지 말고, 겸손한 마음으로 하고, 자기보다 서로 남을 낮게 여기십시오. 또한 여러분은 자기 일만 돌보지 말고, 서로 다른 사람들의 일도 돌보아 주십시오.(빌 2:1-4)

그러므로 여러분은 하나님의 택하심을 입은 사랑 받는 거룩한 사람답게, 동정심과 친절함과 겸손함과 온유함과 오래 참음을 옷 입듯이 입으십시오. 누가 누구에게 불평할 일이 있더라도, 서로 용납하여 주고, 서로 용서하여 주십시오. 주님께서 여러분을 용서하신 것과 같이, 여러분도 서로 용서하십시오. <u>이 모든 것 위에 사랑을 더하십시오. 사랑은 완전하게 묶는 띠입니다.</u>(골 3:12-14)

 서로 친절히 대하며, 불쌍히 여기며, 하나님께서 그리스도 안에서 여러분을 용서하신 것과 같이, 서로 용서하십시오. 그러므로 여러분은 사랑을 받는 자녀답게, 하나님을 본받는 사람이 되십시오. <u>그리스도께서 여러분을 사랑하셔서</u>, 우리를 위하여 하나님 앞에 향기로운 예물과 제물로 자기 몸을 내어주신 것과 같이, <u>여러분도 사랑으로 살아가십시오.</u>(엡 4:32-5:2)

<u>사랑은</u> 오래 참고, 친절합니다. 사랑은 시기하지 않으며, 뽐내지 않으며, 교만하지 않습니다. 사랑은 무례하지 않으며, 자기의 이익을 구하지 않으며, 성을 내지 않으며, 원한을 품지 않습니다. 사랑은 불의를 기뻐하지 않으며, 진리와 함께 기뻐합니다. 사랑은 모든 것을 덮어 주며, 모든 것을 믿으며, 모든 것을 바라며, 모든 것을 견딥니다.(고전 13:4-7)

이 희망은 우리를 실망시키지 않습니다. 하나님께서 우리에게 주신 성령을 통하여 그의 사랑을 우리 마음 속에 부어 주셨기 때문입니다. 우리가 아직 약할 때에, 그리스도께서는 제 때에, 경건하지 않은 사람을 위하여 죽으셨습니다. 의인을 위해서라도 죽을 사람은 거의 없습니다. 더욱이 선한 사람을 위해서라도 감히 죽을 사람은 드뭅니다. 그러나 우리가 아직 죄인이었을 때에, 그리스도께서 우리를 위하여 죽으셨습니다. <u>이리하여 하나님께서는 우리들에 대한 자기의 사랑을 실증하셨습니다.</u>(롬 5:5-8)

하나님께서 원하시는 삶은 분명하다. 종교적인 삶이 아니라, 사랑하는 삶이다.